阅读大课堂

童年故事

小蜜蜂的百花园

主　编　周国欣

副主编　纪小芹

苏州大学出版社
Soochow University Press

图书在版编目(CIP)数据

小蜜蜂的百花园 / 周国欣主编． -- 苏州 ： 苏州大学出版社，2024．9（2024．12重印）． --（阅读大课堂）． --ISBN 978-7-5672-4941-7

Ⅰ．G624.233

中国国家版本馆 CIP 数据核字第 2024P10W34 号

本书部分文字作品著作权由中国文字著作权协会授权。
电话：010-65978917
传真：010-65978926
E-mail：wenzhuxie@126.com

小蜜蜂的百花园 XIAO MIFENG DE BAIHUAYUAN

主　　编：周国欣
责任编辑：刘一霖
装帧设计：武　源　马晓晴　刘　俊

出版发行：苏州大学出版社（Soochow University Press）
社　　址：苏州市十梓街1号　邮编：215006
印　　刷：苏州市越洋印刷有限公司
邮购热线：0512-67480030
销售热线：0512-67481020

开　　本：787 mm×1 092 mm　1/16　印张：10.25　字数：76千
版　　次：2024 年 9 月第 1 版
印　　次：2024 年 12 月第 2 次印刷
书　　号：ISBN 978-7-5672-4941-7
定　　价：30.00 元

若有印装错误，本社负责调换
苏州大学出版社营销部　　电话：0512-67481020
苏州大学出版社网址　　http://www.sudapress.com
苏州大学出版社邮箱　　sdcbs@suda.edu.cn

丛书总策划

朱绍昌

执行策划

顾 清　项向宏　刘一霖

特约顾问

纪学林

书香伴成长

　　小朋友，你拿到的这本盼望已久还飘着墨香的《小蜜蜂的百花园》将默默地陪伴你快乐成长。

　　每周坚持读两篇。拿到新书就开始行动吧！在上学期间，小朋友可利用中午、晚间或其他课余时间读。如果遇上比较长的故事，没有按时完成阅读任务，就再利用双休日、节假日补一补。每则故事至少读三遍，直到自己能够满意地讲述为止。

　　经常扮作小演员。小朋友要善于把读到的故事有声有色地讲给别人听，不仅要讲得好，还可以有动作。每天在家讲给家人听，在学校读完一则故事就及时讲给学习小组长听，让大家及时看到你的阅读成绩，分享你的收获和快乐。

　　勇于登上大舞台。学习小组、班集体、学校都是小朋友的专设舞台。期中前后，小朋友要争取在学习小组里表演一次；全部读完后，小朋友要力争在班级评比阅读成果时展示一回；在每年读书节期间，学校组织讲故事比赛时，小朋友要争取代表班级到学校大舞台上露一小手。

　　人人坚信我能行。"书香伴成长"后面为小朋友设计了"乐读优秀成绩升旗区"，由家人听你讲过后，根据你的优秀表现，为你"升起"一面小红旗（在旗子图案中填上红色），并签名。等你把这本书读完，就请把你讲得最满意的那一则故事的题目记录在升旗区的下面。

　　小朋友，用每天的坚持，塑造最优秀的自己吧！

乐读优秀成绩升旗区

目录序号	讲述日期	小红旗升起啦	升旗人签名	目录序号	讲述日期	小红旗升起啦	升旗人签名
1		🚩		16		🚩	
2		🚩		17		🚩	
3		🚩		18		🚩	
4		🚩		19		🚩	
5		🚩		20		🚩	
6		🚩		21		🚩	
7		🚩		22		🚩	
8		🚩		23		🚩	
9		🚩		24		🚩	
10		🚩		25		🚩	
11		🚩		26		🚩	
12		🚩		27		🚩	
13		🚩		28		🚩	
14		🚩		29		🚩	
15		🚩		30		🚩	

我讲得最满意的那一则故事的题目是：_____

目录

大课堂　阅读指导 …………………………… 001

1. 一起长大的玩具 …………………………… 002
2. 愿望的实现 ………………………………… 010
3. 渔夫和金鱼的故事 ………………………… 023
4. 盲孩子和他的影子 ………………………… 032
5. 鸡叫日出 …………………………………… 042
6. 过年 ………………………………………… 045
7. 神农尝百草 ………………………………… 048
8. 狼来了 ……………………………………… 051
9. 三个和尚 …………………………………… 054
10. 白头翁 ……………………………………… 058
11. 东郭先生和狼 ……………………………… 061
12. 蚕花姑娘 …………………………………… 067
13. 抬着毛驴赶路 ……………………………… 072
14. 聪明的阿凡提 ……………………………… 076
15. 天女散花 …………………………………… 081

大课堂　交流分享 …………………………… 085

16. 女娲造人 …………………………… 086

17. 天神的哑水 ………………………… 091

18. 风姑娘 ……………………………… 095

19. 大力神 ……………………………… 099

20. 夸父逐日 …………………………… 103

21. 吴刚伐桂 …………………………… 107

22. 河伯献图 …………………………… 110

23. 五丁开山 …………………………… 113

24. 眉间尺 ……………………………… 117

25. 彭祖的故事 ………………………… 122

26. 金镜 ………………………………… 126

27. 幸福鸟 ……………………………… 132

28. 寒食节的由来 ……………………… 137

29. 姜太公钓鱼 ………………………… 141

30. 八仙过海 …………………………… 147

大课堂　快乐考评 …………………………… 152

争当"最美乐读者" …………………………… 153

大课堂

阅 读 指 导

1. 走进"快乐读书吧"。小朋友们翻开新课本，读读书中的文字，说说咱们这一学期应该读什么，有什么好的方法。

2. 学会看懂新目录。翻开本书的目录，看看有哪些好故事。听老师或同学说几个故事的题目，看谁能很快找到书中故事的内容。学会看懂目录多好呀！

3. 我要"书香伴成长"。《小蜜蜂的百花园》里有这么多有趣的故事，怎么读好这本书呢？小朋友们还是一起看看"书香伴成长"吧，听老师慢慢地读，认真地听。

4. 每天读书真快乐。从今天开始，每天都要读读这些有趣的故事。遇到不认识的字，可以查字典，或者向别人请教。现在就来阅读第一则故事吧！

小蜜蜂的百花园

1. 一起长大的玩具

金 波

抽陀螺

"杨柳活,抽陀螺(luó)。"

这是我童年时学过的一首童谣中的两句,说的是初春时节,孩子们常常玩的一种游戏。

陀螺,是一种很简单的玩具,小孩子们自己都可以制作。找一块木头,削(xiāo)成一寸多高、直径也一寸多的圆柱形,再把下端削尖,在尖端安一粒滚珠,陀螺就算做成了。再做一根鞭(biān)子,就可以玩起来。

玩的时候,先得用鞭梢(shāo)一圈一圈缠住陀螺的腰身,然后直放在地上,用手指轻轻按住陀螺顶端,用力一拉鞭绳,陀螺就在地上旋转起来。再用鞭子不断地抽打,越抽,陀螺转得越快。

1. 一起长大的玩具

为了让陀螺转得更轻快，我们常到冰上去玩。鞭梢噼啪噼啪响，陀螺滴溜滴溜转。尽管春寒料峭(qiào)①，但谁也不觉得冷，倒是常常玩得满头大汗。

在我的印象中，抽陀螺似乎是男孩子的游戏。现在想起来，大约是因为这种游戏刺激(cì jī)性较强，你必须一下一下地抽打，它才转；稍一怠(dài)慢，它就会东倒西歪。

抽陀螺，还可以玩得很有攻击(jī)性，方法是：几个人在一起，各自抽打自己的陀螺，常常是扬鞭猛(měng)抽一下，让自己的陀螺以极快的转速去撞击别人的陀螺，谁的陀螺把别人的撞倒谁就是赢家。

有时候，大人们在一旁看着看着，也会走上前来，和我们一起抽几鞭子。

乐行乐思

文中讲的孩子们常玩的一种游戏是什么？你见过或玩过吗？

---

① 春寒料峭：形容春季出现的寒冷天气使人感到微寒。

小蜜蜂的百花园

兔儿爷

小白兔向来是孩子们的宠物，雪白的绒(róng)毛，通红的眼睛，尤其是温顺(shùn)的性格，让我们格外爱怜。

每年中秋节，市面上除了月饼、水果、干果外，最能引起我们孩子家兴趣的，就属泥塑(sù)兔儿爷了。

本是兔儿，偏以"爷"相称，别的动物绝无这种殊荣。"爷"字向来是与长辈、与威(wēi)严连在一起的。在人间不说，单就诸(zhū)神而论，我就知道有"灶王爷""财神爷"；对这些"爷"们，需格外敬畏，以免招灾惹祸。

这兔儿爷，虽然也算得上广寒宫里的"神兔"，但即使称得上"爷"，我们也并不惧怕它，相反，都觉得这兔儿爷和我们最平等、最亲近，到了每年的中秋节，都愿意"请"它来和我们玩耍。它带给我们的快乐，是别的玩具所不能代替的。

对兔儿爷的喜爱，除了源(yuán)于对生活中真实小白兔的喜爱之外，还由于兔儿爷多了几分童话色彩。

兔儿爷的外貌就很奇特，兔脸儿，人身子，那样子格外引人遐想。

> 介绍兔儿爷的外貌。

那时候，每逢买来一个兔儿爷，总是沉甸(diàn)甸地抱在怀里，和它脸对脸地对视好久。兔儿爷的眼睛瞪得圆圆的，很有神。三瓣(bàn)嘴儿闭得紧紧的，显得很严肃(sù)。脸蛋儿总是施(shī)着淡淡的胭脂(yān zhi)，样子有些滑稽(jī)可笑。

兔儿爷的穿着打扮也很奇特，有的穿着大红袍，有的披着甲胄(zhòu)，有的背插令旗，样子很是威武。

> 介绍兔儿爷的打扮。

兔儿爷可不是卧在那儿，而是骑着老虎，或者狮子，或者麒麟(qí lín)，好像随时准备出征，无往而不胜。

在我买到的众多的兔儿爷中，我最喜欢的是一种叫"呱嗒(dā)呱嗒嘴"的兔儿爷。这种兔儿爷嘴唇会动，一动就发出"呱嗒呱嗒"的响声。原来有一根线连着嘴唇，从中空的身体里伸到脚下。用手一拽(zhuài)，嘴儿一张一合，就会发出声响。

介绍兔儿爷的起源。

说起兔儿爷，本是中秋祭(jì)月的象征；以兔代月，又是源于兔居月中捣(dǎo)药的神话。妇女拜月，供的是"月光马儿"。我们儿童效法妇女，供的是兔儿爷。对我们这些孩子来说，拜月是游戏，兔儿爷就成了我们的玩具。

小时候，年年中秋节我都要买一个兔儿爷。一开始，由于年龄小，买个两三寸高的。随着年龄的增(zēng)长，买的兔儿爷也越来越大。我买过的兔儿爷，最大的有身高一尺的。

兔儿爷最大的有两三尺高。这么高的，我没买过，一来因为抱不动，二来也没地方摆。

我已经好多年没见过兔儿爷了。如果现在有卖兔儿爷的，我一定买一个大个儿的。

你能说说兔儿爷的样子吗？向大家介绍一下吧！

泥泥狗

忘记了是在哪一年的庙会上,看到了一种通体漆(qī)黑的泥玩具,形状有的像狗又像猴,有的像独角兽,有的像九头燕,奇禽(qín)怪兽多的是,我一时看得眼花缭(liáo)乱①。

介绍泥泥狗的形状。

据卖货人说,这些泥玩具统(tǒng)称"泥泥狗"。我们小孩子很喜欢这个名字,叫起来亲切,容易记。

最招人喜欢的是这些泥泥狗个个都带哨子,一吹就响。这些哨子,有的安在嘴巴上,有的安在尾巴上,有的安在屁股上。

那哨子发出的声响,尖细、高亢(kàng),在嘈(cáo)杂的庙会上,声震屋瓦,响彻云霄。

泥泥狗的色彩也是极为独特的。在众多的泥玩具里,一眼就能发现它,因为只有它,是在乌黑的

介绍泥泥狗的色彩。

---

① 眼花缭乱:眼睛看见复杂纷繁的东西而感到迷乱。

底色上勾画出大红、大绿、雪白、浅黄的彩绘。

也许那时候，因年岁太小，我只知道吹哨子最好玩，对于泥泥狗的色彩和造型，并不那么在意。

但是，我还记得，有一天晚上，我对泥泥狗有了新的发现。在摇曳的烛光里，泥泥狗忽然变得神秘(mì)莫(mò)测。我感到，在泥泥狗身上，一定有比吹哨子更有趣的事情。

我伏在桌子上仔仔细细地端详着。

介绍泥泥狗的样子。

此时，我才看清楚，站在我眼前的，原来是一只猫和一只猴的连体：猫在前，猴在后，猫拉着猴。

从猫的神态上可以看出，它在用力拉着，双目圆睁，张大嘴巴，作喘(chuǎn)息状；那只猴呢，就安闲地倚靠在猫的身上，等着猫来拉它。

在烛光里，泥泥狗的色彩虽然添了几分朦胧(méng lóng)的意味，但显得更加神秘。那黄色的眼睑，衬托得眼睛格外有神。粉红的、黄的、绿的线条，似乎在身上流动着，尤其那布满全身的作放射状的白线、白点,更是鲜明地显示着"猫拉猴"的动感。

猫为什么要拉猴?它们从哪里来?到哪里去?故事的结局是什么?我沉浸在古老的神话里。

直到今天,泥泥狗带给我的那种如梦如幻(huàn)的感觉还没有消失。

读了这篇文章,你能根据作者的描述画一画泥泥狗吗?试一试吧!

2. 愿望的实现

泰戈尔（著）　宋诒瑞（译）

老苏巴的儿子小苏希是个非常顽皮的孩子，他常常搞得整个街坊不得安宁。于是老苏巴不得不时常跑着追他，想抓住他狠狠揍(zòu)一顿。但是苏巴的腿患有风湿病，而他的孩子苏希像头小鹿似的蹦跳着飞快地逃跑，所以父亲的拳头和巴掌老是打不到儿子的身上。

小苏希很顽皮，老苏巴总想狠狠揍他一顿。

然而，偶尔有几次苏希被父亲抓住，吃足了苦头。

那是一个星期六的早上，按常规①，学校在星期六的下午两点就会放学。但是苏希还是不愿意去上学。一是因为那天要考地理；二是因为住

---

① 常规：沿袭下来经常实行的规矩；通常的做法。

2. 愿望的实现

在那个街区的鲍斯家今天傍晚要放烟火,从一早起那里就很热闹,苏希想到那儿去混一天。

该去学校呢,还是去鲍斯家?苏希左思右想①,拿不定主意。

到了该去上学的时候,苏希就往床上一躺(tǎng)。苏巴走到床边问道:"怎么啦,孩子?为什么还躺在床上?今天不去上学啦?"

苏希说:"我的肚子痛(tòng)得很厉害,今天不能去上学了。"

小苏希说肚子痛,其实是不想去上学。

苏巴完全明白,儿子是在找借口逃学。他心里想:"你等着,看我今天怎么收拾你。"嘴里却说:"肚子痛?那你今天哪儿也别去了,我叫阿里自己去鲍斯家看烟火好啦。哎呀,我还给你买了柠檬(méng)棒糖哩,可是你今天偏(piān)偏肚子痛,不能吃了。你安安静静地躺着吧,我给你开点儿帮助消化的药来。"

苏巴把苏希的房门关上,就去调一种很苦很苦的药。

---

① 左思右想:从多方面想了又想。

小蜜蜂的百花园

这回苏希可倒霉(méi)了！他非常喜欢吃柠檬棒糖，可是很怕吃苦药。从昨天晚上开始，他就急不可待①地想要去鲍斯家，但现在看来是去不成了。

苏巴端(duān)着一大碗药刚走进房里，苏希就从床上跳下来说："现在肚子一点儿也不痛了，我这就上学去！"父亲苏巴说："不行，不行，你不用去上学了！你把药喝了，静静地躺在床上休息吧！"

苏巴给苏希喝了药，并把他关在房里。

他硬是让苏希把药喝了下去，然后走出房间，把门锁(suǒ)上了。

苏希躺在床上整(zhěng)整哭了一天，心想："要是从明天起我变成像父亲那么大年纪，那我就可以为所欲为②了，谁也不能把我关起来了。"

苏巴独自坐在外面也在遐(xiá)想："我的父母以前太溺(nì)爱我了，所以我小时候没能好好念书。唉！要是童年的日子能重新回来，那我一定

① 急不可待：急得不能等待。
② 为所欲为：想干什么就干什么。

2. 愿望的实现

不再浪费光阴,我要把每分每秒都用来读书!"

正在这个时候,愿望仙子从他家外面的那条街上经过。知道了父子俩的心愿之后,仙子想道:"好嘛,就让他们的心愿实现吧!"

苏巴后悔自己小时候没能好好读书。

仙子走到苏巴面前说道:"你的心愿会实现的,从明天起你会变得像你儿子那么小。"然后又走到苏希那儿对他说:"从明天起你会变得像你父亲那么老。"

仙子听到苏希和苏巴的愿望,让他们实现了愿望。

听了仙子的话,父子俩高兴得不得了。

苏巴晚上有失眠(mián)的毛病,总要到快天亮时才睡得着。但是那天晚上不知怎么回事,他睡得特别香甜,天还没亮他就醒了,欢蹦乱跳地下了床。

苏巴发现自己变得很小了,掉了的牙齿又重新长了出来,满脸的胡须不知哪儿去了,没留下一丝痕迹(hén jì)。晚上睡觉时穿的

苏巴变小了,牙齿又长了出来,胡须不见了,衣服也嫌大了。

小蜜蜂的百花园

衬衫和睡裤显得太宽松了，衬衫的袖(xiù)子几乎拖到了地上，领口垂到了胸口以下，而睡裤是那么大，裤腿拖拖拉拉的，使他都不能抬腿走路了。

以前苏希一向是每天一大早起来就到处闹腾不休，今天却呼呼大睡，反而是他的父亲苏巴的喧闹声把他吵醒了。

苏希起床后，发现穿在身上的衣服紧得都快要绷(bēng)破了，因为他的整个身体长高了一大截(jié)。以前他头上长着浓密的黑发，可是现在他摸摸头，发现头发都掉光了，整个脑袋秃(tū)得像个灯泡一般，而他的下巴上长出了一片斑白的胡子，连嘴巴都被遮(zhē)住了。

> 苏希长高了，头发掉光了，还长出了斑白的胡子。

他真不愿意起床，他高声打了几个哈欠，又躺在床上，在床上辗转反侧①，迷迷糊糊地又睡了一会儿。后来，他的父亲苏巴闹得实在太厉害了，他这才恼火地起了床。

父子俩的心愿是实现了，但是他们俩都陷入

---

① 辗转反侧：躺在床上翻来覆去地不能入睡，形容心中有事。

了难为情的境地。

苏希的心愿:"我要变得像父亲苏巴那么大、那么自由,到那时,我就可以尽情地玩耍:爬树,跳进水里游泳,吃生杧果,从鸟巢里掏小鸟,到处去游玩。想什么时候回家就什么时候回家,想吃什么就吃什么。没有人会来阻止我。"

可是奇怪的是,那天早上起床后,苏希一点儿也没有去爬树的兴致。看见屋前的水塘,他觉得要是自己跳下去游泳,就会着凉发烧的。所以他在走廊(láng)里铺上席子,默默地坐在那里发呆。

苏希的心愿实现了,可是他不贪玩了。

可是,停止了玩耍,他又不甘心。他想,我试试看,稍微蹦一蹦、跳一跳,又有什么关系!于是他走到附近一棵果树边,开始做爬树的尝试。昨天他还能像松鼠一般轻巧快捷(jié)地爬上去,可是今天变得衰老了的他,怎么努力也爬不上去。他抓住下面的一根小树枝,刚想往上爬,树枝就因为承受不住他身体的重量而折断了。苏希扑通一声坐在地上。

路过的行人看见这个老头像孩子一样爬树并摔(shuāi)下来,都捧腹大笑①。苏希难为情地低头回到那张席子上坐下。他对仆人说:"喂,你到市场去给我买一个卢比的柠檬棒糖来!"

苏希非常爱吃柠檬棒糖。以前他每天经过学校附近的一家店铺时,总看到里面摆着各种颜色的柠檬棒糖,直流口水。只要他得到几个钱,他就去买柠檬棒糖吃。那时他常想:"要是我也像爸爸那样有很多钱,我就要买好多好多柠檬棒糖,把所有的口袋都装得满满的,吃个够!"

以前苏希非常喜欢吃柠檬棒糖,现在却不喜欢这个味道了。

可是,今天这是怎么回事?仆人给他买来了一大堆柠檬棒糖。当他拿起一块儿放进自己那掉光了牙的嘴里时,他却一点儿也不喜欢这种孩子们最爱吃的柠檬棒糖的味道了。他想把这些柠檬棒糖统统给自己那变成了孩子的父亲吃,但是转念一想:"不,不行,他吃了那么多的柠檬棒糖要闹牙痛的。"

---

① 捧腹大笑:用手捧着肚子大笑。

2. 愿望的实现

苏希去找以前常跟他一起玩游戏的孩子们，可是那些小伙伴看见年老的苏希走来，都躲开跑掉了。

苏希曾经想过："要是我像爸爸那样自由，我就要成天和小伙伴们玩游戏。"可是今天看见拉卡尔、戈(gē)巴尔、阿恰、尼瓦卡、哈里希和南德这些顽皮的孩子在那里吵闹不休，他就感到很厌烦，心想："我静静地坐在这里多么惬意呀。这些闹翻天的小家伙是从哪儿冒出来的！"

他的父亲苏巴以前每天都在走廊里铺上席子，坐在那里经常想："童年的时候我顽皮淘气，把所有的时光都白白浪费了。现在我要是能返老还童，一定要整天安安静静地待在家里，关起门来专心读书，背诵课文。不仅如此，傍晚时分也不再听祖母讲故事了，我要点上灯读书、写字，一直到深夜十一二点钟。"但是现在，当他真的返老还童了，他却怎么也不想去上学念书。

苏希生气地斥(chì)责他："爸爸，你不去上学了？"

苏巴挠着头，哭丧着脸小声地说："今天我

苏巴也不想去上学。

肚子痛,不能去上学了。"

苏希恼怒地说:"怎么不能去?以前你要我去上学的时候,我也经常说肚子痛得厉害。这些把戏我知道得太清楚了。"

的确,以前苏希常常找各种借口逃学,而那些是不久以前的事,所以他的父亲想要骗他,是根本办不到的。苏希开始采取强制(zhì)手段把自己小小的父亲送去上学。

一放学,苏巴就急着要回家来尽情地蹦跳玩耍,但是这时他的儿子,年老的苏希正戴着眼镜专心致志地念着古史诗。苏巴的喧哗(xuān huá)妨碍了苏希念诵,于是苏希抓住苏巴,强迫他坐在自己身边,手里拿着把尺子对他说:"爸爸,请做做算术练习吧!"

苏希专挑些非常难的算术题给他做。可怜的苏巴做一道题就得花个把钟头。黄昏的时候,老苏希的房里有许多老头来下棋。为了让苏巴在这个时候安静下来不妨碍别人,苏希请了一位家庭教师给他补习功课,直到晚上十点钟。

在饮食方面，苏希也管得非常严。因为他父亲苏巴年老的时候消化不好，只要稍微多吃些就要打嗝，这事苏希记得很清楚，所以他不让父亲多吃。但是变得年轻的苏巴胃口好得简直连线团都能消化得了。苏希给他吃得那么少，饿得他心烦意乱。后来苏巴消瘦得只剩下一副骨头架子了。苏希以为他得了什么严重的疾(jí)病，就给他吞服各种各样的药。

老苏希的状况也不好。他现在按以前的习惯，不论去做什么事情，都感到不好受。以前要是听说村里什么地方有耍把戏的来了，不管天有多冷或是下着多大的雨，他都会不顾一切地从家里跑去看。如今老苏希要是这么干，就会感冒咳嗽(sòu)，浑身酸痛，头痛得像要裂开似的，躺在床上三个星期起不来。

以前他一直是在池塘里洗澡的，但是现在他要是到池塘里去洗澡，就会得严重的关节炎，手臂、膝盖等处的关节就要红肿发炎，这么一来就得治上一年半载(zǎi)。从那以后他每隔两天用热水洗一次澡。不管苏巴怎么撒泼(pō)，苏希也不

让他到池塘里去洗澡。

苏希以前总爱从椅子上往下跳,如今他这么跳时,浑身的骨头就咯(gē)咯作响。有时他抓一把豆子放进嘴里后才意识到:啊呀,牙都没了,怎么能嚼豆呢!有时他拿起梳子来梳头时才发觉:哎呀,几乎整个脑袋都秃了!

有时苏希忘了自己已成了像父亲那么大的年纪的老头了,还和从前一样干起恶作剧的事来。看到街坊的一个老大娘头顶着水罐走过,他就突然扔过去一块石头把水罐打破,弄得老大娘满身是水。看到老苏希干出这种顽童般的恶劣(liè)行径,人们都呵斥着、追逐着要揍他,而他自己也羞得无地自容。

苏巴有时也忘了自己已变成小孩子了,以为自己和以前一样老。他走到老头们那里看他们打牌、聚会,坐在他们旁边讲起老年人喜欢说的话来。老头们对他斥责道:"滚开,和孩子们去玩,别在这儿装老了!"他们揪(jiū)着他的耳朵把他赶跑。

上课的时候,苏巴常常不自觉地突然对老师

说："给我点儿烟抽吧！"为此老师常常罚(fá)他用一只脚站在凳子上。有时他对理发匠说："喂，你这坏蛋，这么多天了，你为什么还不来给我剃(tì)胡须？"理发匠心想，这孩子真会开玩笑，于是回答他说："你等着吧，再过十来年我就来给你剃胡子！"

苏巴有时还像以往一样打自己的儿子。苏希被打后非常生气，说道："给你念书，就把你念成这个样子啦？小不点儿的孩子竟然动手打老人，真不像话！"

因为苏巴现在是这么一个弱(ruò)小的孩子，所以人们常常无缘无故①地欺侮他，有的揍他一拳，有的打他一个耳光，有的平白无故痛骂他一顿。

苏巴烦恼得很，他一心一意地祈祷(qí dǎo)着："唉，要是我像儿子苏希那么老、那么自由，就可以从这些苦恼中解脱出来了！"

那边苏希也每天祈祷说："仙子呀，把我变成像父亲一样的小孩子吧。我要尽情地玩耍。父

---

① 无缘无故：没有一点原因。

亲现在顽皮得我简直没法管束他了,他烦得我一时一刻都得不到安宁!"

这时,愿望仙子来了,说:"怎么,你们都放弃了先前的心愿?"

父子俩向仙子说道:"仙子啊,我们都放弃了以前的心愿,请你把我们变回原来的样子吧!"

仙子说:"好吧,明早起来你们就会变成原来的样子了。"

第二天早上醒来,苏巴变得像以前那么老了,而苏希也变成和以前一样淘气的孩子了。他们俩觉得像是刚做了一场大梦似的。

苏巴声音低沉地问道:"苏希,你怎么还不背你的语法?"

苏希挠着头说:"爸爸,我的书丢了。"

和你的父亲互换角色,说说你的感受吧。

3. 渔夫和金鱼的故事

普希金（著）　　戈宝权（译）

从前有个老头儿和他的老太婆住在蔚(wèi)蓝的大海边。他们同住在一所破旧的小泥棚里，整整地过了三十又三年。

老头儿出去撒网打鱼，老太婆在家里纺纱绩(jì)线。

有一次老头儿向大海撒下网，拖上来的是一网水藻(zǎo)。

他再撒了一次网，拖上来的是一网海草。

他又撒下第三次网，这次网到了一条鱼。

这不是一条平常的鱼，是一条金鱼。

金鱼苦苦地哀(āi)求。她用人的声音讲着话："老爹爹，您把我放回大海吧！我要给您贵重的报酬(bào chóu)①。为了赎(shú)回我自己,您要什么都可以。"

老头儿大吃一惊,心里还有些害怕:他打鱼打了三十又三年,从没有听说鱼会讲话。

老头儿把金鱼放回了大海。

他放了那条金鱼,还对她讲了几句亲切的话:"金鱼!我不要你的报酬。回到蔚蓝的大海里去吧,在那儿自由自在地漫游。"

老头儿告诉老太婆关于金鱼的事。

老头儿回到老太婆那儿,向她讲起这件天大的怪事情:"今天我捉到一条鱼。是条金鱼,不是条平常的鱼。这条金鱼讲着我们的话,请求我把她放回蔚蓝的大海。她要拿贵重的代价来赎回她自己。为了赎回她自己,她说我要什么都可以。我不敢要她的报酬,就这样把她放回了蔚蓝的大海。"

老太婆指着老头儿就骂:"你这个蠢(chǔn)货,真是个傻(shǎ)瓜!你不敢拿这条鱼的报酬!就是问她要一只木盆也好。我们的那只已经破得不像

---

① 报酬:这里指得到他人帮助后,作为报答,付给别人的实物或钱。

样了。"

于是老头儿走向蔚蓝的大海，看见大海在轻微地起着波浪。

他就开始呼唤金鱼。

金鱼向他游过来，问道："您要什么呀，老爷爷？"

老头儿向她行了个礼，回答道："鱼娘娘，你做做好事吧！我的老太婆把我大骂一顿，不让我这个老头儿安静。她想要一只新木盆。我们的那只已经破得不像样了。"

老头儿问金鱼要了一只新木盆。

金鱼回答道："用不着难过，去吧。你们马上就会有只新木盆。"

老头儿回到老太婆那儿去，看见老太婆果然有了一只新木盆。

这次老太婆骂得更厉害："你这个蠢货，真是个傻瓜！只要了一只新木盆。你真蠢！木盆能有多大用处？蠢货，滚回到金鱼那儿，向她行个礼，向她要座木房子。"

于是老头儿走向蔚蓝的大海。（蔚蓝的海水

发起浑来）他就开始呼唤金鱼。

金鱼向他游过来，问道："您要什么呀，老爷爷？"

老头儿向金鱼要了座木房子。

老头儿向她行了个礼，回答道："鱼娘娘！你做做好事吧！老太婆把我骂得更厉害了。她不让我这个老头儿安静。爱吵闹的婆娘要座木房子。"

金鱼回答道："用不着难过，去吧。就这样吧，你们准会有座木房子。"

老头儿走向自己的小泥棚(péng)，可小泥棚已经无影无踪①。他的面前是座有明亮的房间的木房子。木房子装着砖砌的白烟囱(cōng)，还有橡树木板钉成的大门。

老太婆坐在窗下，指着丈夫就破口痛骂："你这个蠢货，真是个地道的傻瓜！只要了座木房子，你真傻！滚回去，向金鱼行个礼说，我不高兴再做平凡的农妇，我要做个世袭(xí)的贵妇人。"

---

① 无影无踪：没有一点踪影，形容完全消失，不知去向。

3. 渔夫和金鱼的故事

老头儿又走向蔚蓝的大海。（蔚蓝的海水不安静起来）他就开始呼唤金鱼。

金鱼向他游过来，问道："您要什么呀，老爷爷？"

老头儿向她行了个礼，回答道："鱼娘娘，你做做好事吧！老太婆的脾气发得比以前更大。她不让我这个老头儿安静。她已经不高兴再做农妇了，她要做个世袭的贵妇人。"

老头儿请求金鱼让老太婆做个世袭的贵妇人。

金鱼回答道："用不着难过，去吧。"

老头儿回到老太婆那儿。他看见了什么？原来是座高大的楼房。他的老太婆站在台阶上，穿着名贵的黑貂(diāo)皮背心，头上戴着锦绣(jǐn xiù)的帽子，珍珠挂满了颈项，手上戴着嵌(qiàn)宝石的金戒指，脚上还穿着一双红色的小皮靴(xuē)。站在她面前的，是勤劳的奴仆。她鞭(biān)打他们，揪住他们前额上的头发。

老头儿对他的老太婆说道："你好啊，可敬的贵妇人！大概，你的小心儿现在满足了吧。"

老太婆骂了他一顿，就把他派到马房里去干

活儿了。

过了一周又一周,老太婆的脾气发得更厉害。她再派老头儿到金鱼那儿去。

"滚回去,向金鱼行个礼说,我不想再做世袭的贵妇人,我要当个自由自在的女皇。"

老太婆的脾气更差了。她要当个自由自在的女皇。

老头儿吓了一跳,恳求道:"你怎么啦,难道发了疯?走路,说话,你都不会!你要惹得全国上下哈哈大笑。"

老太婆气得怒火冲天,就打了老头儿一个耳光。

"土佬儿,你胆敢和我,和我这个世袭的贵妇人顶嘴?滚到海边去,老实对你说,你不去,我也会押着你去。"

老头儿跑向大海。(蔚蓝的海水变得阴暗起来)他就开始呼唤金鱼。

金鱼向他游过来,问道:"您要什么呀,老爷爷?"

老头儿向她行个礼,回答道:"鱼娘娘,你做做好事吧!我的老太婆又在大吵大嚷(rǎng)。她已经不高兴再做贵妇人,她要当个自由自在的女皇。"

金鱼回答道:"用不着难过,去吧,好吧!老太婆会变成女皇!"

小老头儿回到老太婆那儿。

怎么回事?他面前是皇家的宫殿(diàn)。他看见他的老太婆在宝殿里面。她当了女皇,坐在桌旁。侍奉(shì fèng)她的都是大臣和贵族,给她斟(zhēn)满外国来的美酒。她吃的是印着花纹的糕饼。一群威武(wēi wǔ)的卫兵站在她的周围,肩上都扛着斧头。

老头儿一看,吓了一大跳!连忙对着老太婆双膝(xī)跪下,说道:"你好啊,威严(wēi yán)的女皇!你的小心儿现在总该满足了吧。"

老太婆看都没看他一眼,就吩咐(fēn fù)左右把他从眼前赶开。

大臣和贵族们都奔过来,抓住老头儿的脖子把他推出去。到了大门口,卫兵们又赶过来,差点用斧头把他砍死。

人们都在嘲笑他:"老糊涂,真活该!你,

糊涂虫，今后要记住这个教训：一个人应该安守本分！"

人们都骂老头儿糊涂。

过了一周又一周，老太婆的脾气发得更厉害了。她派了朝臣去找她的丈夫。他们找到老头儿，带到她的面前来。

老太婆对老头儿说："滚回去，向金鱼行个礼说，我不高兴再当自由自在的女皇了。我要当海上的女霸(bà)王，这样我就可以生活在大海上，让金鱼来侍奉我，还要她供我使唤。"

老头儿不敢违抗，也不敢说什么话来阻挡。于是他走到蔚蓝的大海，看见海面上起了黑色的大风浪。激怒的波涛翻动起来，在奔腾(téng)，在狂吼。他就开始呼唤金鱼。

金鱼向他游过来，问道："您要什么呀，老爹爹？"

老头儿向她行了个礼，回答道："鱼娘娘，你做做好事吧！我怎样才能对付我的老太婆？她已经不高兴再做女皇了。她要做海上的女霸王，这样她就可以生活在大海上，让你亲自去侍奉她，供她使唤。"

金鱼什么话都没有讲，只是把尾巴在水里一摆，就游进了深深的大海。

老头儿长久地站在海边等待回音，但没有等到，就走回到老太婆那儿。

他一看，他的面前仍旧是那个小泥棚，他的老太婆正坐在门槛上，而摆在她面前的，还是那只破木盆。

最后在老头儿和老太婆面前的是什么？

小蜜蜂的百花园

4. 盲孩子和他的影子

金 波

他是一个盲(máng)孩子。

他的世界里,没有光亮,没有色彩。

他是一个永远生活在黑夜里的孩子。

因为他是盲孩子,他无法和其他小伙伴一起玩耍。

他无法亲近别的小伙伴,只能静静地坐在一旁,听他们说笑嬉戏。

他还喜欢听黎明时鸟儿的叫声、春风从耳边吹过的声音,连蜜蜂扇动翅膀的声音他也很喜欢听。

他的日子过得很寂寞。

他常常自言自语①:"谁跟我玩呢?"

"我跟你玩呀!"这一天,忽然有谁在他耳边

---

① 自言自语:自己跟自己说话;独自低声说话。

轻轻地这样说。

"你是谁呀?"他扭(niǔ)过头惊奇地问。

"我是你的影子。"那声音很好听,也很和气。

影子和盲孩子交流。

盲孩子从没见过影子,他想象不出影子是什么样儿的。

影子向他解释(jiě shì)道:"我永远跟你在一起。你走到哪里,我就跟到哪里。"

"你长得什么样儿呢?"盲孩子又问。

"我长得和你一样。"影子高兴地回答。

影子觉得这样回答太简单了,又补充道:"我像黑夜一样黑。我还有一双黑眼睛。"它怕自己仍(réng)没有说清楚,接着又问道:"你知道黑颜色吗?"

盲孩子赶紧回答:"我知道。我每天看到的都是黑颜色。"

从此,影子常常牵(qiān)着盲孩子的手,带着他去牧场听牛儿"哞(mōu)哞"地叫,听羊儿"咩(miē)咩"地叫,还攀(pān)上山坡去采集野花野果,走过小木桥去听潺(chán)潺的流水声。

影子陪伴着盲孩子。盲孩子很快乐。

盲孩子似乎感受到了光明，看到了色彩。他很快乐。

有一天，盲孩子问影子："请告诉我，你从哪里来？"

影子回答："我从阳光里来，也从月光里来，还从灯光里来……"

"这么说，只要有亮光就有你了，是吗？"盲孩子觉得又新奇，又兴奋。

"是的。光明是我的母亲。是她让我来到你身边陪伴着你的。"影子说这话的时候，觉得无比幸福。

盲孩子很感动。他觉得影子的话带给他友情，带给他温暖。

快乐的日子就这样开始了。

无论他们走到哪里，人们都会对盲孩子这样说："看，你有一个多么好的影子啊！"

每当听到人们这样夸赞(kuā zàn)他的影子时，盲孩子总是告诉人们："它不只是我的影子，它还是我的朋友。"

人们常常看到他们俩在阳光下、月光下，像

好朋友似的说说笑笑。在没有阳光、没有月光的夜晚，盲孩子就点起一盏(zhǎn)灯。有了光明，影子就来了，陪着盲孩子讲故事、唱歌。

夏天的一个夜晚，天气阴沉沉的，没有月光。盲孩子提着一盏灯。影子陪伴着他走出家门。他们去一个宁静的林园里散步。

微风送来阵阵花香。没有夜鸟儿的叫声。

影子告诉他，今夜虽然没有月光，但天上的星星又多又亮。

这时候，从附近的丛林里飞来一只萤火虫，飘飘忽忽地，闪着幽(yōu)幽的光。它朝着盲孩子飞来，在他的眼前缓缓地飞着。

"是什么在飞？"盲孩子停下脚步仔细听着，"我听见翅膀扇动的声音。"

影子告诉他，是一只萤火虫，一只小小的萤火虫。

盲孩子从来没见过萤火虫。

"萤火虫？就像很烫很烫的小火星吗？"盲孩子好奇地问。

"不，不。萤火虫是很美丽的、

影子给盲孩子描述萤火虫的美丽。

小蜜蜂的百花园

闪着光的小虫子。它不烫人的。"影子给他解释着。

盲孩子仰(yǎng)起头来望着天空。他什么也看不见，茫然地摇摇头。

影子把手伸出来，它想接住那只美丽的萤火虫。这时候，萤火虫真的落在了它的手上。

"啊，萤火虫就在我的手上。"影子兴奋地告诉盲孩子，"你把它接过去。它一点儿也不烫手，真的不烫手。"

盲孩子伸出一只手，接过那只萤火虫。他只觉得手心里痒酥(sū)酥的，有一只小虫子在爬。

他情不自禁地把手掌(zhǎng)挨(āi)近自己的眼睛，仔仔细细地看着，不停地眨巴着眼睛。他多么希望看见这只会发光的萤火虫啊！

他注视着他那一片漆黑的世界，就像深不见底的黑洞。

忽然，在他的"黑洞"里，他第一次看见一个淡淡的光点在他的手心里移动着。同时，他的手心也感到痒酥酥的。

那光点渐渐地变亮了。他从没见过这样美丽

的光。他分辨不清那是幽蓝的光，还是翠绿的光。他只知道，他这永久的黑夜里，此时此刻有了一颗米粒儿大小的光点了。

他永久的黑夜消失了。

"啊，我看见它了！萤火虫，小小的萤火虫！它像一盏小小的灯。"盲孩子几乎是在大声喊叫着，他从来没这样快乐过。

影子也高兴地笑了。

那一夜，萤火虫陪伴着他们玩了很久很久，一会儿从手掌上飞起，带他们走近一丛蔷薇花；一会儿又落在手掌上，闪闪发光。

盲孩子与影子和萤火虫一起玩耍。

夜深了，萤火虫向他们告别，飞进了一片寂静的树林。

当盲孩子提着他的灯，灯光里有他的影子陪伴着他往家走的时候，他的心情好极了，因为今天他看见了萤火虫的光。虽然那光模模糊糊，小得像米粒儿，但毕竟是他亲眼看到的啊！

耳边的风越来越大了。他感觉到手里提的灯晃来晃去。

小蜜蜂的百花园

影子说:"天要下雨了,我们快些走吧!"

话音刚落,一声霹雳(pī lì)炸响,风夹着雨,雨带着风来了。

盲孩子手中的灯突然灭了。随后,影子也不见了。

下雨了,灯灭了,影子也不见了。

盲孩子孤零零地一个人站在旷野上。

他呼唤他的影子,但没听到回应,听到的只有风声和雨声。他跟跟跄(qiàng)跄、跌(diē)跌爬爬地往家走,没走多远,就跌倒在水坑里。

他坐在风雨里想:"只有等到风停了,雨停了,太阳出来的时候,影子才会赶来吧?"

过了很久很久,他感觉风小了,雨也小了。他似乎又听见了翅膀扇动的声音。声音越来越大。

"是你吗,萤火虫?"盲孩子向夜空大声问着。

"是我。"一只萤火虫在回答。

"是我们。"有几只萤火虫在回答。

"是我们一群萤火虫来了!"有好多好多萤火

虫在回答。

在夏夜的微风细雨中,无数只萤火虫组合成一盏美丽明亮的灯,一会儿闪着幽蓝的光,一会儿又闪着翠绿的光。

在这美丽明亮的灯光里,影子又回来了。

无数只萤火虫组合成一盏灯。影子又回来了。

盲孩子望着他的影子惊喜地叫起来:"啊!我的影子,是你吗?我好像看见你了!真的,我看见你了!"

他伸出双手,拉住了这位黑色的好朋友,他们久久地拥抱在一起。

他身旁有那盏萤火虫组成的灯,还有他的影子伴随着他。

他们走过泥泞(nìng)的旷野,踏上小路,向家走去。

风停了,雨停了。

月亮出来了。今天的月亮特别亮。

又过了一会儿,太阳出来了。今天太阳出来得格外早。

月亮和太阳同时悬挂在天上。

还有那盏萤火虫组成的灯。

这世间所有的光亮一齐照耀(yào)着盲孩子和他的影子。

他眼睛里那个黑色的世界,渐渐地泛(fàn)起淡淡的光,像银亮的雾笼罩(zhào)着周围的一切。不大工夫,那雾也消退了。

盲孩子看见了周围的一切。

他看见了周围的一切!

他用惊奇的目光张望着这陌(mò)生而美丽的世界。他不但看见了太阳、月亮,还看见了那么多萤火虫组合成的灯。

他还看见了天上出现的弯弯的彩虹。

他还看见了各种颜色的花朵。

还有绿草。还有草叶上明亮的露珠。

他的影子就站在他的身边,和他手拉着手。

他转过脸,亲切地望着他这位朋友,它也微笑着望着他。

他发现,他的影子慢慢褪去了黑色,变成了一个衣着美丽的孩子,也一样有着红润的圆脸,油亮的头发和大大的黑眼睛。

人们说,他们像一对孪生兄弟。

他们俩说,我们都是光明的孩子。

你知道永远跟盲孩子在一起的是谁吗?

小蜜蜂的百花园

5. 鸡叫日出

相传天上有九个太阳,使得人类难以生存。

相传很久很久以前,天上有九个太阳,火辣辣地炙烤(zhì kǎo)①着大地。大地上的河流很快干涸(hé)②了,田地里的庄稼都枯死了。由于无休无止的高温,再加上没有水喝、没有食物吃,人类实在忍受不住了。

勇士们都站了出来,想用箭(jiàn)射掉太阳,可是他们的箭还没接近太阳,就掉落了下来。有一天,一位力大无比、箭法精准的勇士出现了。他站上了最高的山顶,对着天空拉弓射箭。"嗖(sōu)嗖嗖——",箭如流星般飞出,不偏不倚(yǐ)地射中太阳。一个,两个,三个……八个太

① 炙烤:在火上烤;曝晒过度。
② 干涸:指河道、池塘等没有水。

5. 鸡叫日出

阳一个接着一个掉落了下来。大地上随即变得凉爽(shuǎng)了。

有一位勇士精准地射下了八个太阳。

剩下的最后一个太阳吓得连滚带爬地躲到了天边的一座高山背后，不敢出来了。这一来，天上一个太阳也没有了，天地一片漆(qī)黑，到处冰冷冷的。人类还是没法过日子，就想把剩下的那个太阳叫出来。

著名的"歌唱家"黄莺(yīng)被请来了。黄莺有着悦(yuè)耳动听的歌喉(hóu)。它对着高山骄傲地唱了起来。它的声音虽然美妙，但是很轻柔，太阳根本没有听到。雄鹰飞来了，它引吭(háng)高歌①，歌声传到了山后，可是这声音太尖锐(ruì)了，因此太阳更加害怕了。

黄莺为什么没有叫出太阳？

雄鹰为什么也没有把太阳叫出来？

正当大家失望时，大公鸡自告奋(fèn)勇②说："让我来试试吧！"

"喔喔喔——"，大公鸡对着高山高声叫了三

---

① 引吭高歌：放开喉咙高声歌唱。
② 自告奋勇：表示主动要求承担某项艰巨的任务。

太阳被大公鸡的诚意和热情感动,从山后出来了。

遍。它的声音虽然不是十分美妙,但充满了诚(chéng)意和热情。太阳被感动了,慢慢地从山后露出了笑脸,将温暖的光辉(huī)洒向了大地。

从此,公鸡叫三声,太阳就会升上天空。

乐行乐思

为什么黄莺和雄鹰的歌声都没有把太阳叫出来,而大公鸡的三声高叫就把太阳从山后叫出来了呢?

6. 过 年

春节俗称(sú chēng)"过年"。每逢此时,家家户户贴春联、张灯结彩、放鞭炮,一片热闹喜庆的景象。然而,你知道"过年"的由来吗?

相传古时候,遥远的群山中生活着一种叫"年"的怪兽(shòu)。"年"长得像龙、像狮、像虎、像狼,脾(pí)性非常暴躁(zào)、凶残(cán)。春、夏、秋三季,山上茂密的草木吸引了大量的动物。"年"高兴极了,就在山上大肆(sì)捕食其他动物。寒冷的冬天到了,山上被厚厚的积雪覆(fù)盖。动物们找不到食物吃,就纷纷离开了。"年"几乎没有动物可捕食,经常饿着肚子。

此时,山下的村庄飘来阵阵肉香。村民们正

> 相传古时候,"年"是一种怪兽。它凶残,捕食动物。

饥饿的"年"不但咬牲畜,还吃人。

在制作腊肉呢。饥肠辘(lù)辘①的"年"跑进村子里横冲直撞,见牲畜(shēng chù)就咬牲畜,见人就吃人。越来越多的人命丧(sàng)"年"的血盆大口之中,剩下的人都躲藏了起来。可是总要出去谋(móu)生②啊,人们只好用活猪、活羊供奉(gòng fèng)"年",希望它在吃饱之后,就不再吃人了。

然而,"年"的身体越长越大,食量也越来越大。冬天快要结束时,"年"吃完了所有牲畜,又开始吃人。

一天,"年"又进村了。村民们赶紧(jǐn)躲入家中,并关紧了门窗。由于天太冷了,一对老夫妻就生起火取暖。

"年"听到了动静,跑到老夫妻的屋子旁,扒开窗户往里看。老夫妻不知危险来临,继续将柴草往灶膛(zào táng)里放。看见屋里有人,"年"就破门而入。

---

① 饥肠辘辘:指肚子饿得咕咕直叫,形容十分饥饿。
② 谋生:指讨生活,营求生计。

这时，火堆里的那些柴草被烧得发出了"噼里啪啦"的声音，把"年"吓了一大跳。看见"年"进来了，老夫妻也吓了一大跳，将灶台上的铜盆碰落在地，只听得"哐(kuāng)当"一声巨响。"年"听到这响声，吓坏了，夹起尾巴仓皇(huáng)逃走。

烧柴草的声音把"年"吓了一跳。铜盆落在地上的响声把"年"吓走了。

从此以后，当"年"进入村子时，人们就点燃柴草，拿起铜盆尽情敲打。"年"虽凶猛，但非常惧怕那柴草燃烧和铜盆被敲打时发出的声响，每次都吓得狼狈(bèi)逃窜(cuàn)。

后来，人们就把这原本驱(qū)赶凶恶的"年"的日子称为"过年"了。

你能把过"年"的由来讲给家人听吗？

7. 神农尝百草

盘古开天辟(pì)地①之后，女娲(wā)②捏(niē)泥巴造出了人类。此时的人类对植物一无所知，经常因为吃错植物而生病，甚至(shèn zhì)丧(sàng)命。

神农一出生就拥有神奇的肚子。

相传神农一生下来就有个水晶肚子，五脏六腑(fǔ)都看得一清二楚。

神农的水晶肚子很神奇，有毒的植物在肠胃(wèi)里会变黑。他决心利用自己的神奇肚子尝(cháng)遍所有的植物。为了将植物区别开来，他在上衣左右各缝了一个口袋，把能作为食物的放在左边口袋里，把能作药用的放在

---

① 开天辟地：古代神话中说盘古氏开辟天地后才有世界。后常比喻空前的、自古以来没有过的。

② 女娲：中国远古神话传说中的一位女神。相传她曾炼五色石补天，并捏土造人。

右边口袋里。

第一次,神农尝了一片小嫩叶。叶子一落进肚里,就从上至下把肠胃擦(cā)洗得清清爽爽,像巡查似的。神农把它叫作"查(chá)",而这就是后人所称的"茶(chá)"。神农将它放进了左边的口袋里。

这就是"茶"的由来。

第二次,神农尝了一朵蝴蝶样的淡红色小花。小花甜津津的,香味扑鼻,能够清热解毒。这就是"甘草"。他把它放进了右边的口袋里。

介绍甘草的功效。

就这样,神农辛苦地尝遍百草,每次中毒,都靠茶和甘草来解救。后来,他左边的口袋里有花草根叶四万七千种,而右边的口袋里有三十九万八千种。

有一天,神农尝到了"断肠草"。这种毒草太厉害了,以致(zhì)他还没来得及吃茶和甘草就死了。

"断肠草"的毒性太厉害了。

神农是为了拯(zhěng)救①人类而牺牲(xī shēng)的,所以人们就称他为"药王神",并为他建了药王庙,以此来纪念他。

人们尊称神农为"药王神"。你想对神农说些什么呢?

---

① 拯救:援救、救助。

8. 狼来了

从前,有个小孩子每天都赶一群羊到山上去吃草。小孩子独自一人在山上放羊,感到很无趣,想让人注意到他,于是冲着山下农田里大喊:"狼来了!狼来了!"

在农田里种地的大人们听到小孩子的喊叫声,赶紧放下手里的活儿,带着镰(lián)刀、锄(chú)头飞快地跑来。大人们气喘吁吁(qì chuǎn xū xū)①地跑到小孩子身边,却只看到羊在乖乖地吃草。"狼在哪里呀?"大人们问小孩子。"狼刚刚在这儿的,它见你们来了,就跑了。"小孩子答道。大人们疑惑(yí huò)地看了看小孩子,没有说什么,就回去干活了。看到大人们

小孩子第一次喊"狼来了"时,农田里的大人们是怎么做的?

---

① 气喘吁吁:形容呼吸急促。

都被骗了,小孩子偷偷地笑了。

小孩子第二次喊"狼来了"时,山下的大人们又是怎么做的?

过了几天,大人们正在山下忙着,又听见放羊的小孩子在山上喊:"狼来了!狼来了!"大人们跟上次一样,连忙放下手里的活儿,带着镰刀、锄头上山救小孩子。谁知道又没有看见狼。有细心的人发现地上根本没有狼的脚印,确定这个小孩子撒(sā)了谎(huǎng),便严厉(lì)地批评了他。这个小孩子反而得意地大笑,认为自己的本领大,连大人都会上当。

小孩子第三次喊"狼来了"时,大人们为什么不理他?

又过了几天,放羊的小孩子再次喊了起来:"狼来了!狼来了!快来打狼啊!"大人们听见了,谁也不去理他,异(yì)口同声①说:"咱们上了两次当,再也不上他的当了。"

哎呀,狼这次真的来了。它张着血红的嘴巴,露出尖尖的牙齿,见了羊就咬。咬了羊,还要咬小孩子。幸好小孩子从山坡上滚下去,捡回

① 异口同声:形容很多人说同样的话。

了一条命。

从此，放羊的小孩子再也不敢说谎了。

我们在学习和生活中都不应该撒谎。

小蜜蜂的百花园

9. 三个和尚

从前,有个小和尚(hé shang)外出远行。走啊走啊,他来到一处山坡。山坡下有一条小河,而山坡上有一座小庙(miào)。小和尚正想找个住的地方,就高高兴兴地走进了小庙。

小庙里静悄悄的,一个人也没有,小和尚就在这座空庙里住了下来。

小和尚一个人住在庙里时,要挑水喝。

小和尚一个人住在庙里,每天除了念经之外,还得烧饭。山上没有水,所以他要下山去挑。挑着水上山很费劲(fèi jìn)①。他每挑一次都要抱怨(bào yuàn)②一次。

过了几天,一个瘦(shòu)和尚路过这儿,正好

---

① 费劲:费力。
② 抱怨:心里不满而数说他人不对;埋怨。

碰见小和尚出来挑水,就对小和尚说:"小师父,我想在这儿住,你看行吗?"

"行,有个伴儿更好。但要想住在这儿,你得去挑水。"说完,小和尚就把扁担、水桶交给了瘦(shòu)和尚。

瘦和尚说:"让我挑水?哎呀呀,你没看见我走了一天的山路,已经累(lèi)得不行了?出家人以慈悲(cí bēi)为怀①,你忍心见我累倒吗?再说,小师父,你本来就自己去挑的嘛。"小和尚说:"你想白住白喝可不行!"

说着说着,他们吵起嘴来,可是,吵了半天也没有解决问题。哎呀呀,不能再吵了。于是两个和尚一起下山去挑水了。

小和尚和瘦和尚一起下山去挑水。

又过了几天,一个胖和尚路过这儿,正好碰见小和尚跟瘦和尚抬着一只水桶出来。胖和尚请求和他们住在一起。小和尚说:"好哇!那你就跟瘦和尚一起去挑水吧。"瘦和尚说:"怎么让我去挑?你跟胖和尚去挑。"胖和尚说:"我走得太

---

① 慈悲为怀:以慈善和怜悯的心对待他人。

小蜜蜂的百花园

累了,没力气挑。还是你们挑吧。"

三个和尚因为挑水吵起来,没有一个人肯主动挑水。

说着说着,三个和尚吵了起来。吵着吵着,他们都觉得十分渴,可是没有一个人肯主动去挑水。

三个和尚坐着一动也不动。天渐渐黑了,但谁也没站起来。后来他们合上眼皮,迷迷糊糊地睡着了。

这时,庙里有一只小老鼠从洞里钻出来,大模大样①地东跑跑、西逛(guàng)逛。它看见桌子上点着一支蜡烛(là zhú),便快乐地唱起了歌:"吱吱吱,吱吱吱,蜡烛油,我爱吃。"

火苗把布幔点燃了。

它爬到桌子上去啃(kěn)蜡烛,啃呀啃呀,把蜡烛啃断了。蜡烛"啪"的一下倒了下来。火苗把旁边的布幔(màn)点着了。不一会儿庙里就燃(rán)起了熊熊大火。

不得了,起火了!三个和尚被浓烟呛(qiàng)醒

---

① 大模大样:形容傲慢、满不在乎的样子。

9. 三个和尚

了，赶紧找水灭火。看看水桶里，没有水；再看看水缸里，还是没有水。他们立即分工合作，舀(yǎo)水的舀水，挑水的挑水，泼水的泼水，好不容易才把大火扑灭。

三个和尚分工合作，扑灭了大火。

还好大火只烧毁(huǐ)了桌椅。三个和尚心有余悸(jì)①，说："真险啊！要不是大伙儿合力救火，这座小庙就烧成灰了。"

三个和尚最后明白了什么？

从此，三个和尚开始轮(lún)流挑水。

乐行乐思

这个故事告诉我们，只有团结合作才能取得成功。你能把自己读书的收获与同学们分享吗？

---

① 心有余悸：虽然危险的事过去了，但回想起来仍感到害怕。

10. 白头翁

从前,有个地方几年都没下过一滴(dī)雨。这个地方有一座森林,草木都快枯死了。没有了草木,鸟雀们也活不下去了。有只聪明的鸟儿想出了一个办法,从远处的河边啄(zhuó)出一条道,把河水引到森林里来。

这个引水工程非常艰巨,但为了能生存下去,大家都同意去啄河道,纷纷报名参加劳动。

有一只鸟想偷懒(lǎn),偷偷地把头部染(rǎn)白了,对大家说:"我老了,头发都白了,干不动了!"说着它还假装咳嗽(ké sou),显得很虚弱①的样子。于是,大家让它留下来休息。

> 懒鸟为了逃避劳动,染白自己头上的羽毛。

---

① 虚弱:这里指身体衰弱。

10. 白头翁

除了这只懒鸟外，其他的鸟雀都飞到远处的湖边开始啄河道。大家啄呀啄呀，个个都疲惫(bèi)不堪(kān)①，但是想到将来能过上幸福的生活，它们又鼓起了干劲。

其他的鸟雀啄河道很辛苦。

就这样啄了很久很久，鸟雀们终于啄出了一条通向森林的河道。清亮亮的河水沿着河道流了过来。很快，草木转青，花儿开放。

河水给森林带来了勃勃生机。

鸟雀们在水边举行了盛(shèng)大的庆祝活动。那只头发"白"了的懒鸟待在树枝上。大家喊它过去玩耍(shuǎ)。它满脸向往之色，可就是没有去。它怎么敢去？如果它去了，它头上的白颜色就会被水冲掉，大家也就知道它是个骗子了。

懒鸟为什么不去参加庆祝活动？

时间久了，懒鸟头上的白颜色再也洗不掉了。人们都叫它"白头翁(wēng)"。

---

① 疲惫不堪：形容非常疲乏，或过度劳累。

人们为什么叫懒鸟"白头翁"?面对苦恼的"白头翁",你会如何劝它认识到自己的错误呢?

11. 东郭先生和狼

东郭(guō)先生是个很老实、很善(shàn)良的老先生。有一天，他装好一袋书，骑上毛驴，进城到一个大户人家去教书。

东郭先生是一个老实、善良的人。

半路突然窜(cuàn)出一只被箭射(shè)伤的狼，把东郭先生吓得直向后退。谁知，这只狼却趴在地上直磕(kē)头，哭丧着脸慌慌张张地说："老先生，救救我吧！后面有个猎人在追赶我呢！"它回头望了一眼，又忙说："你帮帮我好吗？我以后一定报恩(ēn)，一定报恩。"

狼本性凶残、狡猾，所以东郭先生很害怕。

狼被猎人追赶，向东郭先生求助，说以后一定报恩。

东郭先生平时只听说狼是凶残(cán)的动物，

没想到眼前的狼这样可怜，便犹豫(yóu yù)起来。

"你往哪里躲(duǒ)呢？你往哪里躲呢？"东郭先生着急地对狼说。

狼回答："我就躲到你的书袋子里。你先取出书。我钻进袋子之后，你再把书放在上面就行啦！"

东郭先生把狼藏进了书袋。

东郭先生按照狼的建议做了。

一会儿，猎人沿着血迹(jì)追踪(zōng)而来，看见东郭先生坐在口袋上，便下马上前："请问老先生，您见过一只受伤的狼没有？"

东郭先生帮助狼躲过了猎人的追捕。

东郭先生支支吾吾①："没……没有……我没看见……"

猎人看东郭先生一脸老实的样子，就走了。

猎人一走，东郭先生赶紧将狼放了出来，说："你快走吧。"

"什么，你居然要我走？我到哪里去？"狼突然翻了脸，露出凶相，并一步一步逼(bī)近东郭先

---

① 支支吾吾：说话吞吞吐吐。

11. 东郭先生和狼

生:"我已经跑了几天几夜,现在饿了,我得把你吃了!"

狼露出凶相要吃东郭先生。

东郭先生大吃一惊:"什么,你要吃我?我刚刚救了你!"

狼咧(liě)开了嘴:"对,救命就要救到底,是不是?"

东郭先生万万没有想到竟有这样邪(xié)恶①的家伙,十分生气:"我救了你,你还要吃我,天下哪有这种道理!"

"我若不吃你就要饿死。这就是道理!"狼说着就扑了过去。

东郭先生忙喊道:"等等!我们去找人评评理。"

狼不在乎②地说:"行,行,行。"

他们走到一棵枣(zǎo)树前,请枣树评理。

这棵苍老的枣树叹了口气说:"我为人们结出了无数又大又红的枣子,现在他们却要把我砍掉,有什么道理好讲?"

请枣树评理,枣树却说没有道理好讲。

---

① 邪恶:不正而且凶恶。
② 不在乎:不看重,不放在心上。

狼听了非常高兴:"你听听,有什么道理好讲!"

东郭先生说:"这枣树老糊涂(hú tu)了,分不清好坏。我们再找一位评理吧。"

狼说:"好吧。"

刚好一头老黄牛走了过来。东郭先生请老黄牛评理。

请老黄牛评理,老黄牛也说没有道理好讲。

老黄牛哼了一声:"我给人干了一辈子活。现在我老了,他们就要杀我,吃我的肉,我找谁去评理?"

狼一听更高兴了:"你听听,有什么道理好讲!我现在就把你吃了!"

东郭先生慌(huāng)忙说:"这老黄牛是气糊涂了,分不清好坏。我们还得再找别人评评理。"

东郭先生看到一个砍柴的农夫朝他走来,就立即拉住他,请他评理。

这位农夫听东郭先生讲完了经过,说道:"你说的这些话,我有点儿不太相信。你救了它的命,它怎能吃你呢?这是天大的笑话。一定是

你想害它,它才要吃你的。"

狼说:"先生,您说得太对了。他把我装在这个布袋里,还在我身上压了这么多书,不是害我是什么?"

农夫把柴放下来,说道:"你说的这话,我也不太相信。他的这个小布袋能装下你这么长的身子吗?"

> 请农夫评理,农夫表示不相信小布袋能装下狼。

"你不相信?我钻给你看看。"

"那行,你钻给我看看。"

狼不服气,钻进袋子,把腿一缩(suō)尾一收,正想开口说话时,农夫一下子将袋口扎(zā)牢,举起柴刀把狼砍死在袋子里。

> 狼为了让农夫相信自己的话,主动钻进袋子里。

东郭先生听到狼的惨(cǎn)叫声,还愣(lèng)在那里。

> 农夫把袋子里的狼砍死了。

农夫对东郭先生说:"你跟这凶恶的野兽(shòu)讲什么道理?你竟然还对它发慈悲,不是自找苦吃吗?"

> 跟凶恶的野兽不要讲道理,更不能发慈悲,否则就是自找苦吃。

小蜜蜂的百花园

乐行乐思

狼是一种狡猾凶残的动物，东郭先生是一个老实、善良的老先生。小朋友们分角色表演《东郭先生和狼》，一定会十分精彩。

12. 蚕花姑娘

古时候,南方有个小姑娘叫巧儿。巧儿八岁的时候,她的妈妈生病去世了,留下她和一个小弟弟。没过多久,她的爸爸给姐弟俩找了一个后母。这个后母对巧儿和弟弟很凶狠,不让他们吃饱穿暖,还让他们干很重的活。

有一年冬天格外寒冷,外面飘着雪。别人都在家烤火,后母却让巧儿出去割(gē)草喂羊,而且一定要割满一筐才许回来。被雪覆(fù)盖的地上,哪里还看得见草。

后母在寒冬让巧儿出去割草。

巧儿一边走一边哭,走了很远很远,也没找到一棵草。她饥寒交迫(pò)①,就在雪地里昏倒了。

---

① 饥寒交迫:形容生活极度贫困。

小蜜蜂的百花园

她醒来的时候，发现自己躺在一片青草地上，周围长满了桃树。清风吹来，还有阵阵清香。巧儿被这美丽的景色吸引住了！她走啊走啊，到了一个洞口，便钻了进去。

巧儿来到一处神奇又美丽的地方。

经过一段狭窄(xiá zhǎi)①的通道后，她的视野一下开阔了。这里有一排排白色的房子、一行行不知名的树，还有一群美丽的姑娘。姑娘们穿着白色的纱衣，正在忙碌着。

有一个白衣姑娘看见巧儿后非常惊讶，拉着她的手问："小姑娘，你是怎么到这儿来的？"

巧儿把自己的遭(zāo)遇②说给白衣姑娘听。白衣姑娘听了很同情她，也很喜欢她，就说："你就留在我们这儿吧。"

"好的。谢谢你。"巧儿非常高兴。

白衣姑娘带巧儿走进一间白色的房子。房子里面放了许多竹匾(biǎn)子。竹匾子里养了许多白白胖胖的小虫子。白衣姑娘教巧儿采了一种树叶

---

① 狭窄：宽度小。
② 遭遇：碰上或遇到的不好的事情。

12. 蚕花姑娘

来喂养这些虫子，还告诉她这种树叫"桑树"，这些小虫子叫"天虫"。

巧儿好奇地问："养这些小虫子干什么呢？"

白衣姑娘说："等它们吐了丝，我们就用丝织成绸缎(chóu duàn)，做天上的彩云红霞呀！"

巧儿心灵手巧，没过几天就学会了采桑叶、养天虫，又过了几天，连织绸缎也学会了。白衣姑娘们都非常喜欢她，还教她怎样孵(fū)出天虫，怎样种桑树。

巧儿学会了采桑叶、养天虫、织绸缎。

过了二十多天，巧儿非常想念小弟弟，想把他带来一起住，就匆匆忙忙地回去了。她临走的时候，怀里揣(chuāi)①了一些天虫，还带了满满一篮桑树的果实。巧儿怕不认得路，每走一段路，就丢一粒桑果作为标(biāo)志。

巧儿思念亲人，急于回村子。

她回到村子时大吃一惊。村子变了样，后母早死了，小弟弟也长成了小伙子。原来，她在山

---

① 揣：这里指藏在怀里。

太神奇了,天上过了二十多天,人间已经过了二十多年。

洞二十多天,世上已经过了二十多年。巧儿这才明白,她遇到的是天上的仙女啊!等她再回头一看,撒下的桑果已经长成一片桑树林。她怎么找也找不到那条路了。

这时候,巧儿感到怀里有东西在动。原来那些天虫已经孵出来了。巧儿赶快采桑叶喂养它们,还教村子里的其他人养这些天虫。

等到这些天虫吐丝结茧(jiǎn),巧儿就把丝织成绸缎。人们看了惊讶不已。

巧儿教会村子里的人养蚕。

从此以后,家家都采桑叶养这些天虫。慢慢地,人们把这些天虫改叫"蚕"。直到今天,我国南方的许多农户都会养蚕,把蚕叫作"蚕宝宝"。待蚕结茧(jiǎn)后可以缫(sāo)丝,丝可以织成绫(líng)罗绸缎,而绫罗绸缎可以剪裁(jiǎn cái)缝(féng)制成各种华美、高贵的服装。

人们为了纪念巧儿的功劳,尊称她为"蚕花娘娘"。

养蚕的人们为了纪念巧儿的功劳,都叫她"蚕花娘娘"。

12. 蚕花姑娘

养蚕的人们为什么都叫巧儿"蚕花娘娘"？你能把这个美好的故事讲给小伙伴们听吗？

小蜜蜂的百花园

13. 抬着毛驴赶路

很久以前,有一对父子要出远门。由于家里没有马车,只有一头毛驴,父子俩便赶着毛驴上路了。

父亲骑在驴上,儿子牵着驴走。当他们路过第一个村庄时,村子里的人议论说:"瞧(qiáo)这父子俩,父亲骑着驴,让儿子在地上走,真是个狠心的父亲呀。"父亲听见人们的议论低下了头。出村后,父亲下来牵(qiān)着驴,让儿子骑在驴上。

> 路过第一个村庄时,村民议论,父亲骑驴,让儿子在地上走,真狠心。

当父子俩路过第二个村庄时,村里人看着他们,议论道:"瞧这父子俩,儿子骑在驴上,倒让父亲为他牵驴。这儿子真不

> 路过第二个村庄时,村民议论,儿子骑驴,让父亲牵驴,儿子不孝顺。

知道孝(xiào)顺父亲。"儿子听了非常难受，出村后赶快下了驴，同父亲一起牵着驴走。

当父子俩走到第三个村庄时，村里人都嘲笑他们："这对父子真笨，有驴不骑，反而牵着驴走，真是傻透了。"父子俩一想：对呀，驴是用来骑的，怎么能牵着走呢？出村后，父子俩商量了一下："既然一个人骑驴、一个人步行受人指责(zé)，干脆咱们一起骑吧。"于是父子俩都骑在驴上，把小毛驴累得气喘吁吁。

经过第三个村庄时，村民们嘲笑父子俩有驴不骑，傻透了。

当父子俩路过第四个村庄时，村里人指责他们："你们真不懂得爱惜毛驴。父子俩都骑在驴上。那毛驴都快累死了。"父子俩一想：也是呀，一头小毛驴怎么驮(tuó)得动两个人呢？出了村，他们都下来了，但他们不知该怎么办了：一个人骑驴不行，两个人骑驴不行，两个人都不骑驴也不行。到底该怎么做呢？想啊想啊，父亲开口了："咱

经过第四个村庄时，村民指责父子共骑毛驴，快累死毛驴了。

们抬着毛驴走吧。"儿子一听，觉得这是个好办法。于是父子俩把毛驴放倒(dǎo)①，用绳子把毛驴的四条腿捆上，找了根小树干当扁担，一前一后把毛驴抬了起来。

经过第五个村庄时，村民大声讥笑父子俩有驴不骑，比驴还蠢。

当父子俩路过第五个村庄时，村里的人都跑出来看他们，指着他们大声讥笑："这父子俩真是比驴还蠢。天底下没有比他们更笨的人了。"父子俩低着头，一言不发，匆匆穿过了村子。

他们累得满身大汗，气喘吁吁，出了村不远，他们再也走不动了，就把驴扔在了地上。

这回父子俩真发愁了，一头驴骑着不行，牵着不行，抬着也不行。放了它吧，他们有点舍不得；宰了它吧，他们又下不了手。怎么办呢？父子俩实在想不出什么好办法。

前边还有好几个村庄。父子俩和一头毛驴到底该怎么过去才不被人笑话或议论呢？这真把他们难住了。

---

① 倒：倒下。

小蜜蜂的百花园
13. 抬着毛驴赶路

乐行乐思

　　展开你丰富的想象,说说到了前边几个村庄,父子俩和一头毛驴该怎样过去才能快速经过村庄继续赶路呢?你能把后来发生的故事讲给家人听吗?

14. 聪明的阿凡提

国王下达圣旨戏弄人。

有一天,朝廷(tíng)里的传令官向人们高喊:"大家听着!国王陛下有一道圣旨(shèng zhǐ):今晚谁要是能光着身子坐在城墙上一夜,就能得到国王的女儿和半个国家……"

这时正值寒冬腊(là)月。大家都知道,这是国王想戏弄大家。

阿凡提听到这个消息,心想:"我一定要去捉弄①一下这个捉弄人的国王。"于是阿凡提来到皇宫,对国王说:"尊敬的国王,今晚我想在城墙上过夜。"

阿凡提主动提出在城墙上过夜。

---

① 捉弄:对人开玩笑,使为难;耍弄。

国王听了阿凡提的话，十分惊讶，对仆人说："你们去把他的衣服脱下来，让他上去。他肯定会被冻死的！"

阿凡提又对国王说："陛下，请您在城墙上放一块石头！"

阿凡提提出的过夜的条件是什么？

国王问阿凡提要石头干什么。阿凡提只说自有用处，还说如果国王不给他石头，他就不去。国王只好答应了他的请求。

遵照国王的指示，仆人们脱下了阿凡提的衣服，让他沿着梯子爬上城墙。与此同时，仆人们送来了一块大石头，然后拿走了梯(tī)子。他们想："天气这么冷，阿凡提一定会被冻死的！"

到了晚上，天气十分寒冷，但阿凡提有办法御(yù)寒。他没有蹲在一个地方不动，而是把石头推过来滚过去，让自己不停地活动，身体就渐渐暖和了。就这样，他度过了一个寒冷的夜晚。

阿凡提是怎样度过寒冷的一夜的？

第二天早上，国王和他的大臣们来到城墙下

时,看见阿凡提不停地喊着:"哦,好热,好热!"仆人们爬上城墙,把衣服递给阿凡提。

阿凡提穿好衣服,走下城墙对国王说:"陛下,我光着身子度过了一个寒冷的夜晚。你现在应该信守诺(nuò)言,把你的女儿和半个国家给我。"

阿凡提按照国王的要求,在城墙上度过了寒冷的一夜。

国王本来就不是真心的,他只是想戏弄一下别人,没想到阿凡提真的没有被冻死。国王眼珠一转,狡猾(jiǎo huá)①地问:"嘿!阿凡提,你看到晚上的月亮了吗?"

阿凡提说:"是的,我看到了月亮。"

月光真的可以温暖没穿衣服的人吗?

国王立刻厉(lì)声喝道:"原来你违反了规定,用月光温暖了你。来人,给我把这个骗子赶出去!"就这样,阿凡提被赶走了。

阿凡提生气极了,他不能再待在这个城市了,于是他搬到了荒野,住在一口井旁边。

---

① 狡猾:诡计多端,不可信任。

14. 聪明的阿凡提

在一个炎热的夏天，国王和他的大臣们在荒野中打了一整天猎，感到非常口渴。为了找水，他们在荒野中四处奔走。这时，国王突然发现了一户人家，便跑上前喊道："喂，主人在哪里？快出来接待客人！"阿凡提走了出来说："尊敬的国王，我就是这里的主人。在我家里，如果你需要什么，就说出来。"

国王喊道："水！快拿水给我喝！我快渴死了。"

阿凡提说："好吧，我去拿。"

阿凡提走到井边，没有打水，而是解开水桶的绳子，把水桶埋在沙子里，坐在井边。

过了很久，国王还没见到阿凡提打水回来，于是命令他的随从去找阿凡提。不久，那人回来对国王说："陛下，阿凡提说让我们到井边去！"

国王愤怒地尖叫起来："混蛋！"国王怒气冲冲地来到井边，生气地冲着阿凡提怒吼(hǒu)道："你给我打的水在哪里？"

这时，阿凡提不慌不忙地用手指着井口说："陛下，请往井里看。"

国王疑惑(yí huò)地看着井里的水,喊道:"水的闪光怎么能解渴呢?"

阿凡提以其人之道还治其人之身。

阿凡提看着他那凶狠的眼神,笑道:"唉,陛下,既然寒夜的月光可以温暖我,为什么水的闪光不能给您解渴呢?"

国王顿时目瞪(dèng)口呆,一句话也说不出来。

乐行乐思

阿凡提是怎么对付不讲诚信的国王的?你明白了"以其人之道还治其人之身"的含义了吗?

15. 天女散花

相传开天辟地的大神盘古有两个儿子和一个女儿。他的大儿子管理天上事，被称为玉帝；二儿子管理地上事，被称为黄帝；小女儿管理百花，被称为花神。

> 盘古是我国神话中开天辟地的人物。

盘古开天辟地耗(hào)尽了力气。临死的时候，他把百花种子交到女儿的手中，叮嘱(dīng zhǔ)她："这是一包百花种子，现在交给

> 盘古临死时叮嘱花神，用百花种子种出美丽的花。

你了。你要种出花来给你的大哥点缀(zhuì)天庭，为你二哥的江山增添(zēng tiān)美丽。"花神流着泪接过种子。

盘古说："要想种出百花可不容易。这百花种子需要种在净土里，用真水浇灌(guàn)才能破土

种出百花需要净土、真水、善水、美水。

生芽，用善(shàn)水喷(pēn)洒才能长出花骨朵，用美水滋润(zī rùn)才会开出百花。"

花神问："父亲，到哪里才能找到净土、真水、善水和美水呢？"

"你要往西走二万二千二百二十二里。那里有一座净土山。你取一担净土，摊(tān)在天石上，把种子种在净土里。然后，

寻找净土、真水、善水、美水的路途遥远，十分艰辛。

你往东走四万四千四百四十四里。太阳洗澡的地方有一潭(tán)真水。你可取一担真水来浇灌(guàn)种子。你再往南走六万六千六百六十六里。那里有一潭善水。你可取善水一担，对花苗喷洒。最后，你再往北走八万八千八百八十八里。那里有一潭美水。你可取美水一担，滋润花骨朵。这样就能让花骨朵开出百花来了。"说完，盘古就死了。

花神历经千辛万苦取到净土、真水、善水、美水，培育出美丽的花儿。

花神按照父亲的嘱咐(zhǔ fù)，费(fèi)尽千辛万苦，取到净土，种下百花种子，用真水、善水、美水精心培育花儿。果然，百

15. 天女散花

花齐放，争奇斗艳。花神非常高兴，忙把这个好消息报告给她的大哥玉帝。玉帝看到了姹(chà)紫嫣(yān)红的花儿，十分开心，对花神说："妹妹辛苦了！现在天庭有了百花的美化，简直成了花园，真是太好了！"

花神说："当初父亲叫我培育(péi yù)出百花给大哥点缀天庭，为二哥的江山添秀。如今，我已经育出百花，还请大哥助我一臂(bì)之力，把百花撒(sǎ)向人间。"

玉帝听了，立即唤来了一百名仙女，封她们为百花仙子，让她们听从花神调遣(qiǎn)，随意采她们自己喜爱的鲜花，然后把花儿撒向人间。

百花仙子将鲜花撒向人间，从此人间就有了百花。

听了玉帝的话，百花仙子手托花篮，来到花园里，采下自己喜爱的鲜花。然后，她们站在云端，一手托着花篮，一手抓起鲜花，向人间撒去。鲜花飘(piāo)落下去，落地就生根。从此，人间就有了百花。

小蜜蜂的百花园

乐行乐思

天庭、人间的百花是怎么来的呀?你能把《天女散花》这个故事讲给家人听吗?

 **大课堂**

1. 看题目讲内容。小朋友读了《小蜜蜂的百花园》，一个个故事一定给你留下了深刻的印象。请你先说故事的题目，再围绕题目用一两句话把故事内容讲出来。

2. 展示拿手好戏。把你讲得最满意的一则故事在学习小组里讲一讲。等大家都讲完了，各小组推荐讲得最好的那一位讲给全班同学听，也可以朗读给大家听。

3. 欣赏精彩演讲。请各小组推荐的优秀故事员登台演讲。简短故事讲全部，比较长的故事可以只讲其中最精彩的部分。

4. 为优秀同学点赞。小朋友们听完所有人的演讲后，说说他们哪些地方讲得好，怎样向他们学习。

16. 女娲造人

相传盘古开天辟地后,天上有了太阳、月亮和星星,地上有了山川草木、鸟兽(shòu)虫鱼,可是没有人类。

有一天,一个叫女娲的女神出现了。她神通广大①,一天能变化几十次。女娲在草木茂盛的原野上行走,看到周围冷冷清清的景象,觉得很是孤(gū)单。她想:天地之间好像还差了点东西。要是能添(tiān)点什么进去,让四处充满生机和活力,那该多好哇!

天地之间没有人类,很冷清。

女娲边走边思考:添点什么东西进去呢?

后来,她走累了,就蹲(dūn)在一个池子边休息。清澈(chè)的池水映照着她美丽的面容和身影。

---

① 神通广大:有超凡的本领,形容本领大,无所不能。

女娲无意间发现：她笑，池水里的影子也朝着她笑；她嘟(dū)起嘴巴假装生气，池水里的影子也跟着她生气。

"这个世界上已经有了各种各样的生物，就是没有和我一样的。我可以在世间创造一种像我这样的生物呀！"女娲忽然灵机一动。

她这么一想，就顺手从池边抓了一团黄泥，掺(chān)了点水进去，用手慢慢揉捏起来。一会儿工夫，她竟揉捏(róu niē)出了一个泥娃娃。

女娲捏泥造人。

女娲刚把这个泥娃娃放在地面上，他就活了起来，在地面上兴高采烈地跳跃着，张开口就大声喊："妈妈！"

女娲看着自己亲手制作的聪明又美丽的生物，听着他不停地叫着"妈妈"，感到十分开心。于是，她给心爱的孩子取了一个名字——"人"。

人的相貌(mào)和举止与天上的飞鸟、地上的爬(pá)虫都不相同，跟天上的神倒有几分相似(sì)。

看着眼前的杰(jié)作，女娲觉得满心欢喜，乐得眉开眼笑。她继续用黄泥做了许多能说会走

小蜜蜂的百花园

人类的出现让女娲很快乐。

的小人儿。这些可爱的小人儿嘴里喊着"妈妈！妈妈"，在女娲的周围跳跃(yuè)、欢呼，使女娲不再感到孤独和寂寞(jì mò)，心中有说不出的快乐和安慰(wèi)。于是，女娲想造出更多有灵性的小人儿充满大地。

从此，女娲每天天不亮就开始埋头工作，一直到月亮升起来，她也不肯放下手中的工作。夜很深了，她才把头枕在山崖(yá)上，稍微(shāo wēi)休息一会儿。

女娲没日没夜地造人很辛苦。

这样一直没日没夜地工作，让女娲感到非常疲惫(pí bèi)，但是她始终没能实现自己的心愿，因为大地实在太大了。

有什么好办法创造出更多的人来呢？

女娲想出的既简单又省事的造人方法是什么？

终于，女娲想出了一个既简单又省事的绝妙办法。她从崖壁上拉下一根枯藤(téng)，把枯藤浸入泥潭里，让藤上沾满浑黄的泥浆(jiāng)，再拿出来，向地面挥洒①。令人意想不到的事情发生了，泥点溅(jiàn)落的地方立刻出现了许多的小人儿。他们跳着、叫着，和女娲之前用黄泥捏出的小人儿几乎一模一样。

小人儿一个劲地喊着"妈妈！妈妈"。清脆的叫声在辽阔(liáo kuò)的原野上回荡。女娲听了，干劲更足了。她不断地挥洒着藤条，小人儿也越来越多。不久，大地上到处都是人的踪迹，每个角落都有人存在。

看着欢呼跳跃的人，女娲又思考起来："人总有一天是要死亡的。等他们死亡了再创造一批，不是太麻烦了吗？我该怎样让他们继续生存下去呢？"聪明的女娲再一次运用自己的智慧(zhì huì)解决了这个难题。她把小人儿分成男女，让男人和女人一起繁殖(fán zhí)后代，养育(yù)儿女。于是，人类就这样世世代代繁衍(yǎn)②了下来。

> 女娲想出让人类生存下去的方法。

---

① 挥洒：洒（泪、水等）。
② 繁衍：逐渐增多或增广。

小蜜蜂的百花园

乐行乐思

　　读了这个故事,我们知道了女娲造人很辛苦,但是她一直都很努力。你愿意向女娲学习,做一个坚持、不怕困难、遇事多动脑的人吗?

17. 天神的哑水

很久很久以前,世界上所有的生物都会说话。天帝觉得太吵(chǎo)了,就决定只让一种生物说话。但是他又感到为难:谁应该说话,谁不应该说话呢?天帝左思右想①,终于想出了一个好办法。他准备了两个碗(wǎn),并装满水。生物喝了一个碗里的水就能说话,喝了另一个碗里的水就不能说话了。

于是,天下所有的生物得到了天帝下达的命令——都到一个地方去喝仙水。

所有的生物都要去喝仙水。

终于到了约定喝仙水的这一天,大地上所有的生物——人、草木、飞禽(qín)、

---

① 左思右想:想来想去、反复思考。

走兽(shòu)、鱼虾、昆虫等争先恐(kǒng)后地向天帝指定的方向赶去。它们都一心想要喝到让自己能继续说话的仙水，谁也不肯落在后面。看到大家都走在了前面，一蹦(bèng)一跳的青蛙十分心急。青蛙为什么这么急呢？因为它是世界上最聪明的生物，只有它才知道哪种水是能让生物说话的水。要不是刚刚被急着赶路的老虎、豹子踩在脚下受了伤，它才不会落在最后呢！

青蛙非常心急。

这时，人走来了，见青蛙落在了后面，就抱起它，向前飞奔而去。被人抱着的青蛙很快就超过了一些飞禽走兽。对于人的热心帮助，青蛙十分感激。它想："人是所有的生物中最善良厚道的，如果不能喝到能让生物说话的水，那就太可惜了。"但它转念又想："能让生物说话的水只能让一种生物喝。假如人喝了这种水，我就不能说话了。我该怎么办

人热心帮助落在后面的青蛙。

青蛙内心很矛盾。

呢?"内心十分矛盾的青蛙仰起头,发现抱着它的人正若无其事①地继续赶路。青蛙觉得自己很惭愧(cán kuì),就下定决心把喝到能让生物说话的水的机会让给人。

所有的生物都来到了天帝指定的地方。天帝的面前放着两个木碗:一个镶(xiāng)着金边,刻着花纹,盛着清澈的水,在阳光下光彩耀眼;另一个碗里盛着有点浑浊的水,而且碗很旧,碗边还缺了一块。青蛙一看就知道旧木碗里盛着能让生物说话的水,于是悄悄地告诉人:"那个旧木碗里盛着能让生物说话的仙水,你赶紧去喝了它。"人再三推让。青蛙说:"如果我把仙水喝了,你就没有机会说话了。但是,我能管得住那些会飞会跑的生物吗?只有你才能管住它们。快去喝吧,不然别的生物就要喝掉了。"青蛙说完,毫不犹豫(yóu yù)地

两个木碗中有一个里面盛着能让生物说话的仙水。

青蛙把仙水让给人喝。

---

① 若无其事:好像没有那么回事似的,形容不动声色或漠不关心。

小蜜蜂的百花园

捧起那只大花碗，喝了一口水。见最聪明的青蛙喝了大花碗里的水，草木、飞禽、走兽、鱼虾、昆虫等都争抢着去喝。

人见青蛙已经喝了大花碗里的水，只好拿起旧木碗，将仙水一饮而尽。从此，人成了世界上唯一会说话的生物。

人感激青蛙，把它放在田里，让它随心所欲地吃粮食。

人把青蛙放在自己开垦出来的田里，为的是天天都能见到它。人还把辛辛苦苦种出的粮食给青蛙随心所欲地吃，以表达对青蛙的感激之情。可是善良的青蛙不但不吃粮食，还帮人捕捉田里的害虫。人更加喜欢青蛙了。

青蛙是善良的，我们也要做善良的人！

小蜜蜂的百花园
18. 风姑娘

18. 风姑娘

相传在远古时候，人间还没有天地之分。有一天，突(tū)然有三个大神来造天，九个大神来造地。

十二个大神造天地。

三个大神造了九千九百九十九年，终于快将天造完了，可是，等他们要走时，地上的人们才发现天上还有一个巴掌大的洞没有补上。人们赶紧对大神说："尊敬的大神，天还没有造完呢，你们可不能走啊！留下一个洞实在不好看。请你们把天造完了再走吧！"

"唉，真是一群愚蠢(yú chǔn)的人！"造天的大神说，"要是都补上了，天上的雨水就下不来了。留下的这个洞是下雨用的！没有

造天的大神给天留下一个用于下雨的洞。

雨水，你们口渴了就没有水喝了，你们辛辛苦苦种的庄稼也会活不了的！"说完，三个大神就头也不回地走了。

九个造地的大神也花了九千九百九十九年的时间，终于快把地造完了。但是，他们临走时在地上留下了一个脚掌大的窟窿(kū long)①。

于是，人们又对造地的大神说："尊敬的大神，地还没有造完呢。地上留下一个窟窿多不好看哪！请你们把坑补上再走吧！"

造地的大神给地上留下了一个用于刮风的窟窿。

造地的大神告诉人们，留下这个窟窿是用来刮风的。补上这个窟窿的话，风就刮不起来了。"没有了风，大树就不会长枝，庄稼就不会发芽，你们也会闷(mēn)得喘(chuǎn)不过气来的！"说完，大神们就离开了。

人们等了好多年,也没有等到风。

可是，地上的人们等了九百九十九年，也不见有风刮来。炎

---

① 窟窿：洞。

18. 风姑娘

炎的烈日炙烤着大地。人们种的庄稼不发芽，树木也不抽条。又闷又热的人们感到发慌又苦恼。

正在大家热得受不了的时候，村里的一位老人说："我小时候听我的爷爷说过，很久很久以前大神造地时留下了一个用来刮风的窟窿。我们不如去找找那个窟窿，看看为什么还不刮风。"

大家都觉得这是个好主意，就派了一些人作为代表，备好食物和水，背上弓箭，骑上马儿，向着窟窿的方向走去。

> 人们做好准备去找用来刮风的窟窿。

他们走了三年零三个月，终于找到了大神留下的那个窟窿。远远望去，一个美丽的姑娘正脸面朝天、双目紧闭，睡在洞口上，把洞口严严实实地堵住了。姑娘睡得真香，"呼呼"地打着鼾(hān)，鼾声震(zhèn)耳欲聋(lóng)。

> 一个美丽的姑娘把洞口堵住了。

人们大喜，忙走上前去想把她喊醒。没想到，从姑娘鼻孔里吹出来的气把人们吹出老远，谁也无法接近姑娘。

无可奈何的人们只好站得远远的，齐声高

小蜜蜂的百花园

人们一起叫醒美丽的姑娘。

喊:"哎,美丽的姑娘,你是尊贵的女神吗?如果是,请醒一醒,显显你的神通吧,把大风吹向人间!哎,美丽的姑娘……"

在人们的呼喊声中,姑娘果然睁开了眼睛。她揉了揉惺(xīng)忪的睡眼,拢了拢美丽的长发,伸了三个懒(lǎn)腰,又接连打了三个喷嚏(pēn tì)。

顿时,人们的耳边"呼呼"作响。他们感觉全身凉爽极了。"风姑娘醒来啦!大风吹起来啦!"大家高兴地喊了起来。

人们终于等到了风。

大风吹来,百花齐放,万物复苏。但是,风姑娘有时温顺,有时暴躁(zào)。她不高兴时,能吹起大树,吹翻房屋。

唉,面对发了疯的风姑娘,谁都拿她没有办法。

乐行乐思

人们最后等到风了吗?你喜欢风姑娘吗?说说你的理由吧。

19. 大力神

很久很久以前,和地距(jù)离只有几丈远的天上有七个太阳和七个月亮。白天,七个太阳把大地烤得滚烫(tàng),人们为了避暑(bì shǔ),都躲到洞里去了。夜晚,七个月亮把大地照得如同白昼(zhòu),人们也不敢出来。只有在日月交替的黎(lí)明和黄昏,人们才走出洞口,去找些吃的。大家都叫苦不迭(dié)①:"这样下去,我们可怎么活呀?"

有一位大力神见人们生活在水深火热之中,决心帮助大家。于是,他使出全身本领,在一夜之间把天拱(gǒng)高了一万丈。

虽然天变高了,但是天上还有七个热烘烘的

---

① 叫苦不迭:连声叫苦。

小蜜蜂的百花园

太阳和七个明晃晃的月亮，仍然威胁(wēi xié)①着人们的生存。大力神决定射掉太阳和月亮，于是，他做了一把很大很大的硬弓和许许多多支利箭。

大力神射下了六个太阳。

白天，大力神顶着炽(chì)热的阳光，张弓搭(dā)箭，一连射下了六个太阳。当他准备射第七个太阳的时候，人们纷纷请求他："世间万物生长离不开太阳啊。留下这最后一个太阳吧！"大力神答应了。于是，天上留下了一个太阳。

大力神又射下了六个月亮。

夜里，大力神又冒着刺(cì)眼的强光去射月亮。他一箭一个，射落了六个月亮。在射第七个月亮的时候，他不小心射偏了。他举起弓箭正准备重射，人们又请求他留下这最后一个月亮，让它照亮黑暗的夜间。大力神又答应了。就这样，天上留下了一个月亮。因为被射缺(quē)了一部分，月亮就有时圆，有时缺。

---

① 威胁：用威力逼迫使人屈服。

19. 大力神

大力神看到天地之间光溜溜的一片，心想：没有山川、森林等，人们怎样生存和繁衍呢？于是，他取下天上的彩虹当扁担，拿起地上的道路当绳索，从遥远的大海边挑来沙土，用来造山垒(lěi)岭。果然，大地上出现了高大险峻(jùn)的山岭。从他的大筐里漏(lòu)下来的泥沙变成了大大小小的山丘。为了造出茂密的森林，大力神把梳下来的头发洒遍山野。在树木葱茏(cōng lóng)的山林里，鸟兽们载(zài)歌载(zài)舞，都在感谢大力神为它们建造家园呢！

> 大力神造山垒岭。

大力神又用尽全力，用脚尖把群山踢(tī)开，凿通了无数大大小小的沟谷。他的汗水流到沟谷里，就形成了奔腾的江河湖海。从此，鱼虾等水族便有了赖以生存的环境。

> 大力神凿通了大大小小的沟谷。

不辞(cí)辛劳为万物生存创造条件的大力神早已精疲(pí)力竭(jié)①。实在支撑不住的他终于倒了下来。临死的时候，他担心天会塌下来，就高高

---

① 精疲力竭：精神非常疲劳，力气耗尽，形容非常疲惫。

小蜜蜂的百花园

大力神的巨手化作了五指山。

举起手，用手掌把天牢牢地撑住。于是令人尊敬的大力神的巨手化作了巍然屹立的五指山。

你知道令人尊敬的大力神的巨手最后化作了什么吗？

20. 夸父逐日

据说在远古的时候，大神后土的子孙——夸父族人住在北方大荒中的"成都载(zài)天"山上。性格勇敢坚强又诚实憨(hān)厚①的他们个个身材高大，力大无穷。

> 夸父族人身材高大，力大无穷。

太阳每天从东方升起来，又从西方落下去。太阳落下之后便是黑暗无边的漫漫长夜。直到第二天清晨，太阳才又从东方升起。夸父族有一个巨人名叫夸父，他不喜欢黑暗，只喜欢光明。他想：太阳每天晚上躲到哪里去了呢？我要去抓住太阳，把它固定在天上，让大地一整天都

> 夸父喜欢光明，他想追逐太阳。

---

① 憨厚：朴实而厚道。

是明亮的!

于是,他提起长腿,迈开巨步,像风似的在原野上奔跑起来,去追赶西斜(xié)的太阳。

就这样,夸父一直追到了太阳落下的地方——禺(yú)谷①。他的面前出现了一团红亮的火球。火球散发出巨大的光芒。他终于追上了快要落下去的太阳!他高兴得手舞足蹈:"啊,我追到太阳了!"

夸父追太阳追得口干舌燥。

夸父举起两条巨大的手臂,想把面前的这团红亮的火球捉住。就在这时,一种令他极其烦躁(fán zào)的口渴的感觉突然袭(xí)来,让他无法忍受。这也难怪,他奔跑了大半天,已是疲惫不堪,现在又被炽热的太阳炙烤着,怎能不口干舌燥呢?

夸父喝干了两条大河里的水。

他实在忍受不了了,只好放下手臂,暂时放弃了想要追捕的太阳,伏下身子,去喝黄河、渭(wèi)河里的水。他喝干了两条大

---

① 禺谷:古代传说中日落的地方。

河里的水，还是觉得口渴难耐。

他想到了大泽(zé)里的水，于是向北方跑去。据说大泽在雁门的北边，又叫"瀚(hàn)海"，纵横几千里，是鸟雀们繁衍后代、更换羽毛的地方。夸父如果能跑到那里，就可以解除口渴的烦恼了。可惜的是，他在途中因为口渴倒了下去，没能到达目的地。

> 夸父在找水解渴的过程中倒下了。

巨人夸父倒下去的时候，天地间发出巨大的声响，如同山崩(bēng)地裂(liè)一样。正向禺谷落去的太阳把最后几缕金色的光芒涂抹在夸父的面颊上。

夸父看着渐渐西沉的太阳，非常遗憾(yí hàn)①，长叹一声："唉，我无法实现自己的心愿了！"他把手中的手杖用力抛向前方，闭上了眼睛。

第二天早晨，太阳从东方升起来，金色的阳光普照着大地。人们惊奇地发现一座巍峨(wēi é)高大的

夸父倒下后，身体化作了山峰。

---

① 遗憾：指因为某种原因而感到失望、惋惜或不满意。

小蜜蜂的百花园

山峰出现在原野之上。原来这座山是夸父变成的。他的手杖变成了山北边的一片枝繁叶茂、硕(shuò)果累(lěi)累的桃林。

后来追寻光明的人们用夸父送给他们的滋味鲜美的果子解渴，精神百倍地向着目标，百折(zhé)不回，奋勇前行。

你知道夸父变成了什么吗？他的手杖变成了什么呢？

21. 吴刚伐桂

传说，月亮上的月宫门前有一棵生长了亿万年的桂树，一年四季枝繁(fán)叶茂，从不凋(diāo)谢①。这棵硕(shuò)大无比的桂树拥有强大的生命力，快把月亮的光辉(huī)挡住了。玉皇大帝对此既(jì)忧虑(yōu lǜ)又焦躁(jiāo zào)，想派人把它砍了，但是他一直没有找到合适的人来砍树。正好，一个叫吴刚的西河武士为了寻找长生不老之术，从人间来到天上求仙。长得健壮魁(kuí)梧的吴刚精通武艺，臂力过人，浑身有用不完的力气。

见吴刚身强体壮，天资(zī)聪颖(yǐng)，玉皇大帝就让他留在天庭修炼。但是吴刚经常会受到玉

> 月宫门前的桂树有强大的生命力，快挡住月亮的光辉了。玉皇大帝想派人把它砍了。

---

① 凋谢：(草木花叶) 脱落。

小蜜蜂的百花园

吴刚生性耿直,受不了约束。

皇大帝的惩罚,因为他生性耿直,喜欢仗义执言,见到不公平的事,不管三七二十一,冲上去就打抱不平。而且,他在人间自由惯了,忍受不了天庭中那么多的约束(shù)。

对于玉皇大帝的惩戒(chéng jiè),吴刚根本不当一回事。有一次,吴刚又违反了天条。玉皇大帝正愁找不到砍桂树的人,这时他眼睛一亮:"这吴刚就是砍树的最佳人选啊!"于是,他命令天兵天将把吴刚绑起来,押到月宫,罚吴刚砍桂树。

吴刚违反天条,被罚砍桂树。

在天神的监视下,吴刚举起斧子,使劲向桂树砍去。粗大的枝干纷纷落到地上。砍了一天,这棵参天大树倒也被他砍掉了不少。

神奇的桂树砍了又长,自动愈合。

吴刚实在太累了,就坐在树下打了个盹(dǔn)儿。可是当他睁开眼睛时,发现硕大的桂树还是和之前一样。他急了:"我这一天不是白辛苦了吗?"他急忙爬起来,抡(lūn)起大斧,又用力向桂树砍去。可是无论他怎么砍，都无济(jì)于事①，因为他每砍一斧，砍出的那道口子就会立刻自动愈(yù)合。

就这样，吴刚在那寂寞冷清的月宫里永不停歇(xiē)地砍着桂树。

玉皇大帝罚吴刚在月宫干什么？吴刚最后成功了吗？

---

① 无济于事：对事情起不到帮助作用。

22. 河伯献图

相传禹(yǔ)治理洪水时，让应龙①在前面用尾巴划地。他沿着应龙划出的路线开凿(záo)河道，引导洪水流入大海。

这天，在应龙的带领下，禹和治水大军来到了滚滚的黄河边。

应龙无法在黄河水中划出水道。

应龙在奔涌而来的黄河水中翻腾了半晌(shǎng)，也没有划出河道来。它往左，水就往右涌；它往右，水就往左涌。它急得在水中高呼："大王，水道划不出来。"

禹站在高高的山崖上，不由得皱(zhòu)紧了眉头："这是怎么回事呢？"

众小龙见状，纷纷说道："大王，我们请河

---

① 应龙：中国古代神话传说中的一种龙。

伯帮忙吧!"

禹问它们河伯是谁。一条小龙说:"我听祖父讲,古时侯人们开河道都要请河伯帮忙,因为他掌管河道图。"

河伯掌管着河道图。

禹听了,就对着水中喊道:"应龙,你先上来休息一下。我们再想想其他办法。"

应龙从浑黄的水中一跃而起,飞到禹的身边,对他说:"大王,河底到处有奇峰怪石挡着,崎岖(qí qū)不平,无法划出河道来……"

应龙无法划出水道的原因是什么?

突然,一个人从漩涡(xuán wō)中跃出来,带起了高高的水柱。他长着鱼的身子,脸皮白净,个子很高。他来到山崖上,跪在禹的面前,双手献上一块水淋淋的青石,大声说道:"河伯前来拜见大王。"

河伯出现并主动献上一块青石。

吃了一惊的禹赶紧还礼,对河伯说:"我们正要去拜见您呢!您老身体可好?"

河伯说,看到禹为人间治水特别辛苦,自己帮不上忙,感到十分不安,特地前来献上一块青石,希望能对禹有点用处。然后,他问禹:"大王找我有什么事?"

禹一边接过青石,一边连连道谢:"非常感谢您的关心。我们想借您的河道图用用。您能……"

"哈哈哈……"禹的话还没有说完,河伯就大笑着转身跳入水中,不见了踪影。

河伯献出黄河水道图,帮助大禹治理黄河。

禹仔细一看,发现青石上面有一些天然花纹,弯弯曲曲的。再细细一想,立刻明白了:这就是治河的地图呀!他对着河伯跳入水中的地方深深地施了一礼,高声说道:"谢谢河伯献图!"

听到河伯献图的消息,治水工地上群龙跳起了欢快的舞蹈(wǔ dǎo),民工们也欢呼雀跃(què yuè),一片喜气洋洋的景象。

和小伙伴们一起,分角色演一演河伯献图的故事吧。

23. 五丁开山

相传蜀(shǔ)国有弟兄五人。他们力大无穷,能搬得动山,举起三十万斤重的东西也不在话下。人们称他们为"五丁壮士"。要是有国君死了,有人就会叫五丁壮士去搬一块长三丈、重三万斤的大石头,立在坟墓前作为标志。

五丁壮士力大无穷。

在周显王当政的时候,褒(bāo)斜谷和汉中一带为蜀王开明十二世所拥有。

一次,在褒(bāo)斜谷打猎的蜀王遇到了秦王。秦王送给蜀王一箱金子。蜀王礼尚往来,回赠给秦王许多奇珍异宝。

蜀王、秦王相遇,互赠礼物。

蜀王回赠给秦王的奇珍异宝变成了泥土。

秦王回去一看,这些珍异罕(hǎn)见①的东西竟然变成了泥土,不由得勃(bó)然大怒:"蜀王欺人太甚(shèn)②!"

然而大臣们纷纷表示祝贺,认为这是上天赠送给他们的好礼物,预示着秦王将得到蜀国的土地。秦王听了,这才转怒为喜。

石牛真的会拉出金子吗?

为了得到蜀国的土地,秦国想出了一个办法。他命人做了五头石牛,放在秦国和蜀国的边境上,又安排人每天在石牛的屁股后面放一些金子,并到处宣传说:"石牛会拉出金子来!"为专门护养这些石牛,秦王还派来了一百名兵士。

蜀王想得到能拉出金子的石牛。

蜀王听说了这件奇事,一心想得到能拉出金子的石牛,就派使臣去秦国,请求秦王将石牛赠送给蜀国。秦王很慷慨(kāng kǎi)地答应了。

为了将这几头笨重的庞(páng)然大物搬运到蜀

---

① 罕见:非常少见,难得见到。
② 欺人太甚:指欺负人到了令人难以容忍的程度。

国的国都，蜀王命令五丁壮士去凿山开路。五丁壮士费了很大的力气，才完成了这项工作。

将石牛搬来后，见石牛并没有拉出金子来，蜀王这才知道上当了。他恼羞成怒，又叫人把五头石牛送回秦国，还嘲讽(cháo fěng)秦王，说他是东方的牧牛儿，什么也不懂。

秦王听了蜀国使者的话，并没有生气。待蜀国使者走后，秦王笑着对大臣们说："我这东方的牧牛儿，可是想得到蜀国的土地，然后用它做我的牧场呢。"

你读懂秦王的话了吗？

知道蜀王喜爱女色，秦王就答应送蜀王五名美女。蜀王大喜，就派五丁壮士带领人马去迎接秦国送来的五名美女。

在回蜀国的路上，走到梓潼这个地方时，五丁壮士看见一条正往一座山洞里钻的大蛇。五丁壮士当中的一个说："要是百姓遇到这条大蛇，不就遭殃(zāo yāng)了吗？"说完，他迅速跑上前去，抓住蛇的尾巴，使劲往外拖，想把它拖出来杀死。但是，蛇的力气太大了，他一个人根本拖不

为了不让大蛇祸害人间,五丁壮士一起拖大蛇出来。

动。其他兄弟见了,都过去帮忙。他们一边拖,一边喊着号子,响亮的声音在山谷里震荡。大蛇终于被拖了出来。

就在这时,大蛇不耐烦了,用力摇了摇尾巴。刹那间,山崩地裂。

五丁壮士和五名美女都被压死了。一座大山被分成了五座山峰。

随着"轰隆"一声巨响,所有人都被压死了。一座大山分为了五座山峰,峰岭上各有许多平整的石头。

蜀王知道了这件事,非常伤心,亲自上山凭吊秦国送来的五名美女,并将这五座山命名为"五妇冢(zhǒng)"。他还叫人将山上的平石凿穿,在上面建造了"望妇堠""思妻台"。可是,他完全忘记了自己最引以为傲的五名壮士。

后来,老百姓们为了纪念为民除害的五丁壮士,就把这五座山叫作"五丁冢"。

你知道"五丁冢"是纪念谁的吗?

24. 眉间尺

传说楚王曾命令干将、莫邪(mò yé)铸(zhù)剑。他们花了三年的时间才铸(zhù)成两把宝剑。楚王很生气，决定杀掉干将。当时，干将的妻子莫邪就快要生产了。

干将对妻子说："我们为楚王铸(zhù)剑，却用了三年时间。楚王一定生气了。这次我去宫中送剑，肯定凶多吉少。如果你生的孩子是个男孩，等孩子长大了就告诉他'出门望南山，松在石头上，剑在树背上'。"然后，他告别妻子，带着剑去见楚王。

干将、莫邪花三年时间铸了两把宝剑。

楚王性情残暴。

干将预感到楚王要杀死自己，便叮嘱妻子。

干将呈(chéng)上宝剑，楚王便叫剑工来察(chá)看。剑工仔细检查后，禀(bǐng)报楚王："剑原本有雌(cí)雄两口。现在雌的来了，雄的却没有来。"楚王火冒三丈，当即下令处死干将。

干将走后不久，莫邪生下了一个男孩，取名叫赤鼻。她含辛茹(rú)苦地将赤鼻抚养长大。赤鼻从来没有见过自己的父亲，就问母亲："我的父亲在什么地方？"莫邪垂泪告诉儿子："你的父亲为楚王铸剑，三年才铸造成功。楚王一生气，就把他杀了。他临走的时候嘱咐我告诉你：'出门望南山，松在石头上，剑在树背上。'"赤鼻出门向南望去，没发现有什么山。他一回头，看见堂屋前的础石上面有几根松木做成的柱子。他想，这也许就是"松在石头上"吧。于是，他拿来一把斧子，把靠近门的一根柱子的背面劈开。

干将、莫邪的儿子赤鼻长大了，要为父亲报仇。

果然，干将把那把雄剑藏在了柱子里面。得到宝剑的赤鼻无时无刻不想杀掉楚王为父亲报仇。

有一天晚上，楚王做了一个梦，梦见一个额头宽宽、两眉之间有一尺阔的孩子对他说"你杀了我的父亲。我要为他报仇",说罢,就一剑向他刺来。楚王从梦中惊醒,忙叫人画了孩子的样貌,然后在全国张贴榜文,悬赏千金,捉拿这个孩子。画中人跟赤鼻很相似。赤鼻听说了此事,怕被抓住,就赶紧逃到深山里躲起来。想到父仇未报,行走在山道中的赤鼻不觉悲从中来,大声恸(tòng)哭。

赤鼻怕被楚王抓住,就躲进了深山中。

这天,深山里来了一位来自他乡的客人。他见赤鼻如此悲伤,便问赤鼻为什么哭得这么悲哀。赤鼻告诉他乡客,他是干将、莫邪的儿子,因为楚王杀了他的父亲,他想报这深仇大恨。他乡客沉吟(yín)了一会儿,说:"如果你信得过我的话,就把你的头和剑交给我,我去帮你报仇。"赤鼻马上抽出宝剑,毫不犹豫地割下自己的头。他用两手捧着头和剑交给他乡客,身子却僵(jiāng)立不倒。他乡客让赤鼻放心,表示自己一定不会让他失望的,赤鼻的身体这才倒了下去。

他乡客让赤鼻割下自己的头,他去帮赤鼻报仇。你相信他的话吗?

小蜜蜂的百花园

他乡客带着赤鼻的头来到楚王面前。楚王非常高兴。他乡客说："大王，这不是一般人的头，是一颗勇士的头，请放到汤锅里去煮烂，免得以后成精作怪。"楚王觉得他的话有道理，就把赤鼻的头放到汤锅里去煮。煮了三天三夜，头都没有烂，还几次从汤锅里跳出来，怒目圆睁。他乡客对楚王说，赤鼻的头一直煮不烂，让楚王亲自去看看。

赤鼻的头在汤锅里煮了三天三夜却不烂。

楚王无奈，只好慢慢地向汤锅走去。他乡客以迅(xùn)雷不及掩耳之势抽出宝剑，砍向楚王的脖颈。霎(shà)时，楚王的头掉进了汤锅里。不等侍卫们围上来，他乡客又把剑朝自己的脖子一抹，他的头也掉进了汤锅里。一眨眼的工夫，沸腾的汤锅将三颗头都煮烂了。侍卫们根本无法分辨出哪颗头是谁的。

侍卫们没有办法，只好连肉带骨分成三份，用瓦罐(guàn)装着分别下葬，还修造了三座坟墓，笼统(lǒng tǒng)地把它们叫作"三王墓"。

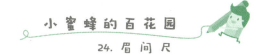

24. 眉间尺

他乡客用什么方法帮赤鼻杀死了楚王？你能把这个故事讲给小伙伴听吗？

25. 彭祖的故事

相传彭(péng)祖是禹的玄(xuán)孙。

彭祖幼年就成了孤儿。

彭祖的父亲在他还没出生的时候就去世了,母亲把他抚养到三岁,也去世了。他成了一个孤儿,过着颠沛(diān pèi)流离、风餐(cān)露宿(sù)的生活,靠着东家施舍一口、西家接济一顿,才得以长大成人。

一天,彭祖在茂密的森林里看到一只五彩的野鸡。在阳光的照耀下,绚(xuàn)丽多彩的鸡毛闪烁(shuò)着耀眼的光芒。"我从来没有见过这么好看的野鸡!"彭祖赞叹道。

彭祖把野鸡捉住,做了美味的鸡汤。没舍得喝一口的彭祖把汤献给了天帝。

从未喝过如此鲜美的鸡汤的天帝一口气把汤

全喝光了。他高兴地对彭祖说:"我要好好地奖赏你!这样吧,你去数数野鸡身上的彩色羽毛。羽毛有多少根,你就能活多少岁。"

> 野鸡汤很鲜美。天帝喝了很高兴,要奖赏彭祖。

彭祖谢过天帝,回去就数了数野鸡身上的毛。他认认真真地数了一遍又一遍,发现只有800根,便非常懊悔(ào huǐ),唉(āi)声叹气地说:"本来我还可以活得更长些,都怪我洗野鸡时顺手把一些鸡毛扔到河里了。"

好几个世纪过去了,彭祖到商朝末年时已经767岁了,但是他看起来脸色红润,头发乌黑,身强体壮。在这段时间里,他已经娶了49个妻子,有54个儿子,他们都在他前面离开了人世。

> 彭祖活得太久了。妻儿都在他前面离开了人世。

阴间冥(míng)王觉得很惊奇:"据花名册记录,有103个人自称是彭祖的妻子或儿子。我怎么没有见过彭祖这个人呢?难道他是神仙?"冥王查查仙籍(jí),发现神仙之列并没有彭祖的名字。于是,百思不得其解的冥王

小蜜蜂的百花园

就上天去问天帝是怎么回事。天帝笑着告诉他："这个人没有成仙的福分，他800岁时就会去你那儿报到的。此人的长寿是靠一碗鸡汤得来的。"

彭祖在人间最大的烦恼是什么？

在人间，为钱财之事忧心不是彭祖最大的烦恼(nǎo)。人人都想知道他长寿的秘诀。大家一见到彭祖，就围着他追根究底①，让他十分苦恼。有一天，商王特地派人去向彭祖询问长生的秘诀。彭祖对来人说："我所知道的养生之道实在浅薄，不值得讲给大王听啊！这些年，我的精神受到了很大的影响，力气也大不如前了，怕是不久就要离开人世了。"

后来，担心商王不肯罢(bà)休，彭祖就逃到流沙国以西的地方隐居起来。

几十年后，彭祖在临死时还一直念叨："早知道我就不把那些野鸡毛扔到水里了，不然我还可以活很长的时间啊！"

---

① 追根究底：追究根源、追问底细。

彭祖因为什么能活到800岁？他有没有长寿的秘诀？

小蜜蜂的百花园

26. 金 镜

传说很久很久以前，镜泊湖中有牛、马、猪三个妖(yāo)怪。它们长相怪异，巨齿獠(liáo)牙，舌头伸出来有三尺多长，十分吓人。

镜泊湖中的三个妖怪让渔民们不得安生。

三个妖怪把湖里大大小小的鱼都赶到湖底去了。所有的鱼儿都躲在湖心，谁也不敢动一下。平时，湖心平静得像一面镜子，可是一旦有渔船经过，湖面上就涌起又大又急的波浪。有的船还没有到湖心，就被浪花打碎了。有的船到了湖心，渔民也不敢往下面看一眼，恨不得插上翅膀飞过去。靠打鱼为生的渔民们只有除掉这三个妖怪，才能过上安生的日子。

渔民们想除掉三个妖怪。

镜泊湖边住着一位名叫金太

26. 金 镜

的老渔夫。他年过六十，身体还很硬朗(lǎng)。从小就在湖上打鱼的他，日子一直过得很苦。金太的妻子早已去世，只有女儿金镜和他相依为命。金镜是个才貌双全的好姑娘，不仅人长得非常漂亮，而且绣花、织布、捕鱼、种地，样样都行。

老渔夫和女儿金镜相依为命。

一连几天都没有打到鱼，金太气得两眼冒火，直喘(chuǎn)粗气。他想："我已经一大把年纪了，不知道还能活多久，忍饥挨(ái)饿倒没什么，可是一直这么下去，我的女儿和乡亲们该怎么办呢？为了让镜泊湖的渔民能打着鱼，就是豁(huō)出一条老命，我也要降伏(xiáng fú)这三个妖怪！"但是就凭(píng)他们父女俩，怎么可能除掉妖怪呢？金太左思右想，终于想出了张榜(bǎng)招婿(xù)这个办法。

老渔夫金太想为民除害。

这天，金太把女儿叫到身边，对她说："孩子，你跟着爹过尽了苦日子。爹想给你招个女婿，但有一条，他一定要敢和咱们一起除妖。"

金镜听说父亲想招亲为民除害，满口答应："爹，我都听您的。"

老渔夫通过招亲选出三个助手。

金太见女儿同意了，非常高兴，就请人写了好几百张榜，张贴出去。不久，就有许多年轻人前来报名，他们争着抢着想立功娶金镜为妻。从成百上千的年轻人中，金太精心挑选出焦(jiāo)勇、王海、李全三人。

这三个小伙子在金太的指点下，苦学了三个月，都练就了一身好武艺。在这期间，金太也打好了三把锋利的宝剑。

老渔夫金太跳下水前的叮嘱。

一天清晨，金太带着金镜和三个小伙子乘船去湖心除妖。金太叮嘱他们，等他跳下去，第一次伸出手时，他们就把第一把宝剑递给他；等他第二次伸出手时，他们就把第二把宝剑递给他；等他第三次伸出手时，他们就把第三把宝剑递给他。然后，他对三个小伙子说："你们当中谁能坚持到把妖怪除掉，我就把女儿嫁给谁。"说完，金太纵身跳进湖心。

26. 金　镜

顿时，天昏地暗，雷雨交加，湖上刮起了大风，卷起了巨浪。小船像一片树叶在滚滚的浪花上颠簸(diān bǒ)着。胆小的王海、李全从没有见过这样的阵势(shì)，当场就被吓死了。金太伸出一只手，焦勇就壮着胆子，把第一把宝剑递过去。湖水立刻淹没了那只手。

老渔夫在水里与三个妖怪进行激烈的搏斗。

两个年轻人当场被吓死。

不一会儿，湖水咆哮(páo xiào)起来，声音如同惊雷一般。卷起的浪头中飘来浓浓的血腥(xīng)味。如果没有金镜在身边，惊恐万分的焦勇恐怕也被吓死了。这时，一只手从水中伸出，这是金太第二次伸手。吓得面无血色的焦勇战战兢兢(jīng jīng)地拿起第二把宝剑，哆哆嗦嗦地递(dì)过去。湖水又马上淹没了那只手。

又过了一会儿，湖上涌起了血浪，传来震天的喊声。接着，金太又一次伸出了手。吓得魂(hún)飞魄(pò)散的焦勇一动也不动，原来他被这场面活活吓死了。金镜忙拿起第三把

第三个年轻人也被吓死了。

宝剑递过去。不料，因为耽搁的时间太久，老人的手缩回了水中。看到这情形，金镜心急如焚(fén)①："爹爹不会发生什么意外吧？"她连忙拿起第三把宝剑，毫不犹豫地跳到湖中。刹(chà)那间，湖上的血光直冲云霄(xiāo)，喊杀声震耳欲聋(lóng)。一炷(zhù)香的工夫不到，三个妖怪的尸体漂(piāo)了上来，湖面上也恢(huī)复了平静。

金镜担心爹爹，便拿起第三把宝剑跳到湖中斩杀妖怪。

妖怪被斩杀了。

金太上了岸，发现三个小伙子死在了船上，金镜却不知道去哪儿了。他站在湖边，盯着湖水，忽然想到："难道刚才是我的女儿帮助我杀死了妖怪？"他连忙跳进湖中寻找女儿。

湖里的鱼儿感谢金太除去妖怪。

清澈见底的镜泊湖宛若一块巨大的蓝宝石。鱼儿们在水中自由自在地游来游去，看到金太，都停下来，摇摇尾巴，好像在向

---

① 心急如焚：形容非常着急。

他表示感谢呢。金太在水中找呀、找呀,却看不见女儿的笑脸;喊呀、喊呀,却听不到女儿的回应。他找不到女儿,只好闷闷不乐地走上了岸。

这时,金太看见湖底有一面金光闪闪的镜子,照得满湖晶莹(yíng)剔透、波光粼(lín)粼。"这就是我的金镜啊!"他百感交集。

金镜已化作一面金光闪闪的镜子。

后来,金太每天都来这里陪伴金镜。渔民们也都来这里看望金镜。大家永远记着金镜姑娘。

乐行乐思

展开你想象的翅膀,想一想,金镜为了帮助父亲为民除害,在水中是如何与妖怪搏斗的?把你想到的绘声绘色地讲给小伙伴们听吧。

27. 幸福鸟

很久以前,西藏(zàng)是一个非常荒凉的地方,没有河流,没有田野,没有树和草,更没有温暖和幸福。住在那里的人整年吃不饱、穿不暖,生活极其穷苦,谁也不知道幸福到底是什么。但人们相信世界上一定有幸福。

老人们觉得幸福鸟是什么样的?

老人们常说:"幸福是一只美丽的鸟,它生活在遥远的东方雪山上。它飞到哪里,哪里就有幸福。"然而有三只凶恶的老怪物守着幸福鸟。每年都有人去寻找幸福鸟,但都是有去无回。

这一年,村民们决定派聪明、善良、勇敢的年轻人汪嘉去寻找幸福鸟。临行前,姑娘们给他奉上青稞(kē)酒,母亲则把青稞撒在他头上,祝

27. 幸福鸟

他一路平安。

汪嘉一路向东走了很久，看到远处有一座很大的雪山。山上的雪闪着银光。这时候，突然出现了一个黑胡子怪物。它用乌鸦般的声音叫道："你是谁？好大的胆子！来这里干什么？"

汪嘉说："我叫汪嘉，我在找一只幸福鸟。"

黑胡子怪物说："如果你想找到幸福鸟，就必须先杀死洛桑的母亲，不然我就惩罚你，让你在乱石滩上走上一千里！"

> 黑胡子怪物想让汪嘉做什么？汪嘉答应了吗？

汪嘉说："我爱我的母亲，也永远不会杀死别人的母亲！"

黑胡子怪物生气了，立刻吹了吹自己的长胡子。转眼间，平坦的道路变成了坑坑洼洼的石头路。每一块石头都像刀子一样锋利。

汪嘉刚走了几十里，靴(xuē)子就被磨破了。他又走了几十里，脚也被磨破了，血都流出来了。但汪嘉没有后退一步，他想："人们在等我把幸福鸟带回去。我必须勇往直前。"

后来他走不动了，就干脆往前爬。他的衣服

都磨破了，胳膊也磨破了。就这样，汪嘉终于走过了乱石滩。

黄胡子怪物想让汪嘉做什么？汪嘉答应了吗？

这时，一个长着黄胡子的怪物出现了。它用一种凄厉的声音向汪嘉喊道："你要想看到幸福鸟，就必须先毒死思郎那老头子。你若不干，我就饿死你！"

汪嘉道："我不干！我爱我爷爷，也从来不伤害别人的爷爷！"

黄胡子怪物听了，马上吹起了长胡子。转眼间，汪嘉的干粮袋被大风吹走了。他的面前出现了一片大沙漠。他勇敢地走进了沙漠。他走了五天，饿得头晕眼花。又走了五天，肚子饿得实在不行。当汪嘉走出沙漠时，他已经瘦得皮包骨头了。

白胡子怪物想让汪嘉做什么？汪嘉答应了吗？

这时，一个白胡子怪物挡住了汪嘉。它用雷鸣般的声音说："如果你想看到幸福鸟，就必须把白玛姑娘的眼珠作为礼物送给我。你敢说一个'不'，我就弄瞎你的眼睛。"

汪嘉说:"女孩子漂亮的眼睛怎么能当礼物送给你呢?我不干!"

白胡子怪物气得吹起了大胡子。汪嘉的眼睛一下子就失明了。他只能跌(diē)跌撞(zhuàng)撞地走完最后的路程。

当汪嘉爬到雪山顶时,他已经筋疲力尽了。这时幸福鸟突然出现在他的眼前说:"勇敢的小伙子,你是来找我的吗?"

汪嘉很高兴,他对幸福鸟说:"我是来找你的。我们的人民每天都在期待着你到我们那里去!"

幸福鸟答应了汪嘉的请求。它用翅膀轻轻抚摸着汪嘉的眼窝,汪嘉的眼睛很快就重见光明了。幸福鸟又给了汪嘉一些食物。汪嘉吃完后,身体痊愈了,肌肉也更强壮了。然后汪嘉骑着幸福鸟,飞到了家乡的山顶上。

幸福鸟问:"你们想要什么呢,年轻人?"

汪嘉回答:"我们要温暖和幸福,要花草树木,要田野和河流。"

幸福鸟在山顶上用清脆的声音叫着。它叫完

小蜜蜂的百花园

第一声时,太阳从乌云后钻了出来,柔风带来了温暖;它叫完第二声时,山上山下长出了连绵的森林,山花开放,百鸟欢唱;它叫完第三声时,山下出现了清澈的河流和绿色的田野。

从此,这里成了令人心驰神往的地方。

幸福鸟叫了几声?它给人们带来了什么?

小朋友,你觉得汪嘉是一个怎样的人呢?

28. 寒食节的由来

清明节既是节气也是节日。自古以来,人们在清明节留下了许多习俗。

清明前禁火的习俗开始于春秋时期。晋献公的妃子骊姬为了让自己的儿子奚齐继承王位,密谋陷害王子申生。申生被迫自杀。申生的弟弟重(chóng)耳流亡在外以躲避这场灾祸。

在流亡期间,重耳走遍了齐国、宋国、郑国、秦国等多个国家,也蒙受了各种屈辱。和他一起出去的臣子,大部分都离他而去,只有少数忠心的人一直跟着他,其中一个人叫介子推。有一次,重耳饿昏了。为了救重耳,介子推从自己的腿上割下一块肉,用火烤熟了给重耳吃。

在关键时刻,是谁救了重耳?

十九年后，重耳回国成了新的君主，也就是晋文公。晋文公重重奖励了那些与他同甘共苦的人，却忘了介子推。

有人在晋文公面前为介子推鸣不平。晋文公突然想起了过去，感到很内疚。他立刻派人去请介子推，但介子推都避而不见。晋文公不得不亲自去请，可介子推仍不想见他。

介子推不愿见晋文公，驮着母亲躲进了绵山。

无奈之下，介子推驮着母亲躲进了绵山。晋文公就令人在绵山上搜索，但还是没有找到。

这时，有人提出了一个办法："我们不如放火烧山。火大了，介子推就会自己出来了。"于是，晋文公命令手下放火烧山。

大火烧了三天三夜。火熄灭后，晋文公仍没看见介子推出来，就带着人上山看看，却发现介子推母子俩抱住一棵已经烧焦的柳树死了。

晋文公看着介子推的尸体，哭了好一会儿。突然，他发现介子推的背后有一个树洞，洞里好像有什么东西。他令人把东西拿出来一看，原来是一块布，上面是一首用鲜血写的诗：

割肉奉君尽丹心,
但愿主公常清明。
柳下作鬼终不见,
强似伴君作谏臣。
倘若主公心有我,
忆我之时常自省。
臣在九泉心无愧,
勤政清明复清明。

读一读这首诗,体会其中的寓意。

晋文公把血书藏在袖子里,然后把介子推和他的母亲埋在烧焦的柳树下。为了纪念介子推,晋文公下令将绵山改名为"介山",并在山上建了一座祠堂。又把放火烧山的日子定为寒食节,通告全国每年这天禁止有烟火,只吃寒食。

这就是寒食节的由来。

第二年,晋文公率领大臣们去哀悼介子推。来到坟前,只见柳树死而复生,青枝飘飘,迎风招展。

晋文公看着复活的老柳树,仿佛看到了介子推。他走到柳树前,折下一根柳枝,编成一个圈戴在头上。他将复活的柳树命名为"清明柳",

并将这一天定为清明节。

后来，寒食、清明成了全国性的节日。每到寒食节，人们都不生火做饭，只吃冷食：在北方，人们只吃事先准备好的冷食，比如枣糕、麦饼；在南方，人们大多吃青团和糯米藕。每到清明节，人们都戴着柳条编成的圈，把柳枝插在房前屋后，表达对介子推的怀念。

小朋友，在你的家乡，人们在寒食节会吃些什么呢？

29. 姜太公钓鱼

周文王姬(jī)昌身材颀长，皮肤黝(yǒu)黑，曾经被纣王囚禁在羑里。纣王杀了姬昌的儿子伯邑考，做成肉羹赐给姬昌吃。

被释放回来后，每当想到儿子的惨死和昏君纣王的残暴无道，姬昌就吃不下饭，睡不着觉，一心想推翻暴政，把国家治理好。于是，他联合诸侯，等待时机讨伐纣王，准备为人民除去这个大祸害。

一次，姬昌梦见穿着一身黑袍的天帝站在他的面前。天帝身后有一位老人，胡须和眉毛全白了。天帝喊着姬昌的名字，说要赐给他一名叫作望的好老师和好帮手。姬昌听了，心中大喜，忙跪倒在地，感谢天帝。这时，姬昌醒来了。

姬昌做了一个什么梦？

小蜜蜂的百花园

姬昌为何经常带着随从出去漫游、打猎？

从此，姬昌经常带着随从出去漫游、打猎，希望能够在游历的过程中，有幸遇到梦中的那位老人。

有一次，姬昌出去打猎前，照例叫太史编替他占卜一卦(guà)，看看能不能打到猎物。

太史编占卜之后说："文王这次到渭水边去打猎，将会有很大的收获。您所得到的猎物不是螭，不是龙，不是老虎，也不是熊，而是一位公侯。卦象显示您将遇到上天赐给您的好帮手，得到一位贤人。"

满心欢喜的姬昌，按照太史编的指示，领着大队人马，带着猎鹰和猎犬，一直来到了磻溪。

在绿树成荫的树林深处，他们看到了一汪碧绿的水潭。一位须发全白的老人，

姬昌看到的这位老人是什么样子？

戴着竹编的斗笠，穿着青布做成的衣服，正坐在一束白色的茅草上，悠然自得地钓鱼。喧嚣的车马和嘈杂的人声似乎都没有惊扰到他。

姬昌坐在车上，皱着眉头，眯起眼睛，仔细

打量着老人。看了好一会儿，他发现老人的相貌和风度，与梦中见过的那个站在天帝身后的人非常像。

姬昌不想失去遇见大贤的好机会，忙从车上跳下来，毕恭毕敬地来到老人的身旁，和他交谈起来。老人神态自若，从从容容地回答，不见有丝毫的惊慌。

他们谈了没多久，姬昌就非常满意，感觉老人就是自己辛辛苦苦寻找的那位见识超群、学识渊博的大贤，不由得满心欢喜。

姬昌十分诚恳地对老人说："老先生，我已经找您很久了！我那去世的父亲从前常对我说：'不久一定会有圣人到我们这里来，我们周人将因此而兴盛发达。'您可能就是这样一位能让我们周人兴盛发达的圣人啊！"说完，姬昌就请老人坐上马车，亲自驾驶车子，一同回到了岐山。

姬昌认为老人就是他一直想找的人。

姬昌尊称老人为太公望。太公望原本姓姜，所以人们叫他姜太公。他的祖先据说曾经帮助大

禹治水立了功,被封在吕这个地方,因此人们又叫他吕望。

才华横溢的姜太公,大半生都过着颠沛流离的生活,从未得到过施展才华的机会。据说他年轻的时候家里很穷,被老婆赶了出来。他在朝歌市上杀过牛,卖过牛肉,但是生意惨淡。后来又在孟津卖过饭,生意也不好。他想给人打短工,可一直没有找到愿意雇他的人。

后来,精力逐渐衰退的姜太公不得已来到渭水,在水边盖了一座茅屋,靠钓鱼勉强维持生活。他多么希望有一天能遇到像姬昌这样的贤明君王,能够尽情施展自己满腹的才华和抱负。

> 读一读这几段,说一说姜太公在遇到姬昌前过着怎样的生活。

但是,好些年过去了,姜太公的须发由斑白变成了全白,他跪着钓鱼的那块石头也已经凹陷下去,留下了两道深深的印痕,可是他心目中明君贤王出现的希望是那么的渺茫。正当他心灰意冷,打算将自己的一腔治国才能带到地下去的时候,姬昌来到了他的身边!

29. 姜太公钓鱼

在回宫的路上，姬昌亲自坐在车子的右边赶着马车，给了姜太公当时优待贤士的最隆重(lóng zhòng)的礼节。

坐在姬昌身旁的姜太公百感交集，再也无法抑制住内心的激动，两行热泪顺着脸颊流下来，沾湿了胡须。

把姜太公请回来后，姬昌想先考验他，就安排他到灌坛做了个小官。在一年的时间里，姜太公把那个地方治理得很好，夜不闭户，路不拾遗。他管辖的地方，连风都很听他的话，从来没有刮过大风。

有天晚上，姬昌梦见一个非常美丽的女子，拦在他的前面痛哭不已。

姬昌问这名女子："你为什么这么伤心呢？"

女子哭哭啼啼地说，自己是泰山山神的女儿，嫁给了东海海神做妻子。这次本想回家去，不料却被灌坛的地方官长阻挡了归路。她每次出行，一定会有大风、暴雨伴随。假如真的刮起大风、下起暴雨，就会毁了那位贤明的官长的好名声，那么天帝会惩罚她的；可要是没有大风、暴雨，自己就回不去了。所以她觉得很为难，想请姬昌帮助她。

姬昌醒来后觉得很奇怪，就召来姜太公，想问个明白，但姜太公也不知道是怎么回事。突然，有人前来报告说："姜太公管辖地方的边境上有大风大雨。"姬昌惊叹不已，于是提拔姜太公担任了大司马的职务。

姬昌为什么要提拔姜太公？

你以前听过姜太公钓鱼的故事吗？试着给家人说一说这个故事吧。

30. 八仙过海

相传有一天,铁拐李、汉钟离、吕洞宾、曹国舅、张果老、韩湘子、蓝采和、何仙姑这八位得道仙人要到东海去游蓬莱岛。

八仙是指哪八位得道仙人呢?

原本众仙腾云驾雾,一眨眼的工夫就可以到了,但是吕洞宾建议道:"我们不如乘船过海,这样就可以观赏到美丽的海景了。"大家一听,觉得这个主意不错,就答应了。

吕洞宾伸手拿过铁拐李的拐杖,一边往海里扔,一边说了声:"变!"霎(shà)时,他们的眼前出现了一艘宽敞豪华的大船。八仙坐在船上,品尝着美酒,欣赏着海景,还大声唱起歌来。船上好不热闹。

几位大仙觉得船航行的速度不快,吕洞宾就

小蜜蜂的百花园

拔出自己的宝剑，向水中扔去。顿时，水中涌起滔天巨浪，推动着船向前飞速行驶。

吕洞宾收回宝剑。船又慢了下来。铁拐李说："大家不如把自己的宝物也拿出来，使船加快速度。"说完，他摘下宝葫芦，对准船的后面。果然，船在"砰砰"几声中加快了速度。汉钟离举起大扇子，轻轻扇了几下，船就像飞起来一样，在大海上破浪前行。

蓝采和不甘示弱，也把手中的拍板抛入水中。可是，船非但没有加速，反而慢了下来。大仙们都笑着问蓝采和他的快板怎么不灵了。蓝采和往水中一看，自己的宝物不见了踪影，慌忙跳入水中寻找。

蓝采和的拍板为什么不灵了？

突然，海面上一个浪头打来，将拐杖变成的大船打翻了。正在谈论着蓝采和仙术失灵的大仙们措手不及，眼看就要落入水中。眼尖的张果老忙爬到毛驴背上。曹国舅把玉板踏在脚下，在浪里漂着。韩湘子从不离手的仙笛成了他的坐骑。汉钟离

八仙过海，各显神通。

30. 八仙过海

把蒲扇垫在脚底下。失去拐杖的铁拐李幸好还有个葫芦可以抱着。吕洞宾把宝剑踩在脚下。何仙姑到哪儿去了？原来她坐在了莲花上。

他们看见正在大战的蓝采和与龙太子，一下子恍然大悟：原来拍板被龙太子偷去了。见众仙人围了上来，龙太子自知寡不敌众，便逃走了。

遇上这事，八位仙人的游兴都被破坏了。铁拐李生气地一跺脚："不行，咱们一定要把宝物找回来！"大家不约而同地跳入水中，直奔龙宫而去。

知道八仙不会罢休的龙太子早在半路上就安排好了阵势。见大仙们来势凶猛，他连忙挥舞起手中的鱼旗，发动虾兵蟹将掀起漫天的海潮，气势汹汹地向八仙扑去。挺着大肚子的汉钟离轻飘飘地降落在潮头上，笑眯眯地扇动蒲扇。顿时，狂风大作，虾兵蟹将都被扇得无影无踪了。其他海怪吓得赶紧关闭了龙宫大门。见汉钟离破了他的阵势，龙太子把脸一抹，大喝一声，变成了一条大鱼，从海里蹿出来，张开血

仔细读一读这几段，想象一下八仙大战龙太子的场面。

盆大口，想吞了汉钟离。

汉钟离扇动扇子，想把大鱼扇走。谁知那大鱼毫不惧怕，嘴巴越张越大，眼看就要把汉钟离吞进腹中了。就在这千钧一发之际，韩湘子吹起了仙笛。悠扬动听的笛声让大鱼瞬间丧失了斗志，竟然摇头摆尾地朝着韩湘子参拜起来。

吕洞宾挥剑向瘫成一团的大鱼砍去。没想到一剑下去，火星四溅，锋利的宝剑被砍出了一个缺口。吕洞宾气得火冒三丈，定睛一看，眼前分明是块坚硬的大礁(jiāo)石，根本没有大鱼的踪迹。

铁拐李笑眯眯地看着大礁石，说："让我来收拾它！"他向海中招了招手，拐杖就向他飞了过来。铁拐李拿着拐杖，全力向礁石打去。没想到拐杖打在了一只章鱼的身上。可章鱼毫发无损，还把拐杖牢牢地缠住了。

仙人们用各自的宝物与虾兵蟹将激战。

眼见铁拐李要被章鱼吸到肚子里去了，何仙姑连忙将手中的花篮罩下去。见花篮当头罩来，变成大礁和章鱼的龙太子慌了，赶紧化作一条海蛇，往东方逃去。张果老骑上毛驴，紧追不舍。

30. 八仙过海

就要追上时，毛驴突然狂叫一声，把张果老从背上抛了下去。原来是一只蟹精咬住了它的脚蹄。曹国舅眼疾手快，打死蟹精，救起了张果老。

见无处逃遁(dùn)，龙太子现出原形，闪耀龙鳞，摆动龙角，张牙舞爪，向大仙们扑来。八位大仙都拿出自己的法宝，将龙太子团团围住。

见龙太子斗不过八仙，虾兵蟹将只得向龙王求救。得知真相的龙王连忙亲自把拍板还给了蓝采和，狠狠地训斥了龙太子，并责令他向八仙赔礼道歉，这才平息了一场风波。

> 蓝采和拿回自己的拍板了吗？

经过一番激烈的战斗，本领大增的八位仙人又一同去游蓬莱岛。来到蓬莱岛，只见霞光普照，天地间一片灿烂。这里不愧是人间仙境啊！他们不禁相视一笑。

乐行乐思

你最喜欢八仙中的哪一个呢？和小伙伴说说你的理由吧。

小蜜蜂的百花园

大课堂

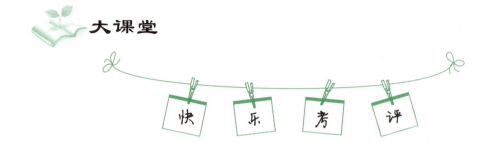

  1. 怎样最好。请小朋友看"争当'最美乐读者'"，听老师读读里面的内容，讲讲考评成绩最好的标准是什么，怎样来考评。特别要听清楚正确、流利、有感情、有个性四个方面的具体要求。

  2. 看老师评。老师指定一个小朋友讲述自己准备好的拿手故事，然后从四个方面逐一做示范点评打分。

  3. 一起来评。一位小朋友抽签讲述或者朗读一则故事，然后老师引导其他小朋友对照标准共同进行评价打分。

  4. 我们试试。在老师指导下，各个学习小组尝试对本小组的一个组员进行面试，由组长主持，其他人当考官。

争当"最美乐读者"

整本书读完,同学们要主动申请参加最后的阅读考评。考评分三步:

一、自导自演(讲演5分钟左右,共40分)。自主选择本学期阅读的内容自己演讲,可以请其他人给予指导或参与演出,通过精心准备,表现最好的自我。

二、抽签讲述(讲演3~5分钟,共40分)。自己抽取题签,现场脱稿讲述。这一环节全部独立完成。

三、抽签朗读(朗读4分钟左右,共20分)。

以上三项面试的基本标准是正确、流利、有感情、有个性。第一、二项面试每个标准的满分为10分,第三项面试每个标准的满分为5分。

面试总分为100分。小朋友们如果得到80分以上,就可以获得"最美乐读者"的光荣称号,受到表彰!